MEIN STECKBRIEF:

VORNAME: _____

NACHNAME: _____

FOTO VON MEINEM
LIEBLINGSPFERD:

MEIN FOTO:

MEIN GEBURTSTAG: _____

STERNZEICHEN: _____

MEINE AUGENFARBE: _____

MEINE HAARFARBE: _____

BESONDERE KENNZEICHEN: _____

MEIN LIEBLINGSESSEN: _____

LIEBLINGSFARBE: _____

MEINE HOBBYS: _____

WENN ICH GROSS BIN, WERDE ICH: _____

_____

MEINE LIEBSTEN KLAMOTTEN: _____

MEINE LIEBLINGSPFERDE HEISSEN: _____

AUF DIESEM PFERD HABE ICH REITEN GELERNT: _____

_____

MEINE LIEBSTE PFERDERASSE: _____

_____

MEINE REITERFREUNDE: _____

_____

DAS MACHT MIR BEIM REITEN AM MEISTEN SPASS: _____

_____

MEINE LUSTIGSTE REITERHOFGESCHICHTE: _____

_____

ICH WERDE NIE VERGESSEN, _____

_____

Das große
Conni-Pferdebuch

Für die fachliche Unterstützung bei der Entstehung der Sachtexte bedanken wir uns herzlich bei Nicole Künzel, Ausbilderin für die Klassische Reitkunst.

© Carlsen Verlag GmbH, Hamburg 2017

Alle deutschen Rechte vorbehalten

Umschlagillustration: Herdis Albrecht

Illustrationen: Herdis Albrecht, Anne Ebert, Uli Velte

Text: Julia Boehme, Ruth Rahlff

Redaktion: Ruth Rahlff, Frank Kühne (Leitung)

Gestaltung und Herstellung: Derya Yildirim

Lithografie: ReproTechnik, Ronald Fromme

ISBN: 978-3-551-51899-6

www.carlsen.de

www.conni.de

Das große Conni-Pferdebuch

Mit Geschichten von Julia Boehme

Zum Mitmachen

Zum Lesen

Mit Pferdewissen

INHALTSVERZEICHNIS

BESTE FREUNDE

Hallo,

bist du auch so ein großer Pferdefan wie ich?

Ich weiß noch, wie ich meine erste Reitstunde hatte. Auf Flecki, dem süßesten Schecken der Welt!

Jetzt fahre ich in den Ferien mit meiner Freundin Anna regelmäßig auf den Reiterhof.

Mal machen wir einen Voltigierkurs, mal einen Wanderritt. Sogar unser Reitabzeichen haben Anna und ich dort gemacht. Der Hof gehört Herrn und Frau Behrens und sie haben echt tolle Ponys. Meine Lieblingsponys sind Karlina und ihr Fohlen Lieselotta. Und auch Josefina liebe ich über alles.

Hast du Lust, ein bisschen mehr über Ponys und Pferde zu erfahren? Über Reitstunden, Pflege und Haltung, über Pferdesport, Pferderassen und Abzeichen?

Dann blättere doch einfach mal durch mein großes Pferdebuch!

Ich bin immer mit dabei. Und zwischendurch erzähle ich dir, was Anna und ich auf dem Reiterhof so erlebt haben.

Viel Spaß wünscht dir dabei

deine Conni

PS: Manche Begriffe, die du vielleicht noch nicht kennst, werden ganz hinten im Buch, im Lexikon, erklärt.

VOR DER REITSTUNDE

SPASS AUF DEM REITERHOF

Anna und ich lieben Ponys. Am liebsten hätten wir später einmal einen eigenen Pferdehof. Das wäre doch cool!

Auf einem Reiterhof kannst du jede Menge erleben! Du lernst, wie du mit Pferden richtig umgehst, wie sie artgerecht gehalten werden und was sie fressen. Und natürlich lernst du reiten! Am besten auf Schulpferden, die gut ausgebildet und auch mit Anfängern sehr geduldig sind.

Viele Reiterhöfe veranstalten einen Tag der offenen Tür oder ein Reitfest. Das sind gute Gelegenheiten, sich einen Hof in Ruhe anzuschauen. Vielleicht lernst du auch die Reitlehrer und Pferde kennen.

Auf einem Reiterhof triffst du auch andere pferdebegeisterte Mädchen und Jungen.

Zu einem Reiterhof gehören die Pferdeställe, eine Reithalle oder ein Reitplatz, Weiden, Paddocks, die Sattelkammer, ein Putzplatz, ein Waschplatz und eine Scheune, in der das Futter gelagert wird.

Stall mit direktem Weidezugang

Paddock an den Pferdeboxen

Ein Paddock ist ein befestigter, sicher eingezäunter Auslauf. Er ist meist direkt an den Pferdestall angeschlossen oder liegt in der Nähe des Stalls.

❶ Paddock, ❷ Stall, ❸ Weide, ❹ Sattelkammer
❺ Pferdeanhänger, ❻ Misthaufen, ❼ Reithalle, ❽ Reitplatz

WAS ZIEHE ICH AN?

Oje, heute habe ich zur Reitstunde glatt meinen Helm vergessen. Zum Glück gab es auf dem Hof noch einen Ersatzhelm, sonst hätte ich zugucken müssen.

Wenn du mit dem Reiten anfängst, brauchst du einen Helm, der deinen Kopf vor Verletzungen schützt, falls du einmal vom Pferd fällst. Feste Schuhe mit einer rutschfesten, aber glatten Sohle verhindern, dass deine Füße in den Steigbügeln hängenbleiben. Handschuhe schützen deine Hände. Die übrige Reitkleidung sollte bequem sein und eng an deinem Körper liegen. Beim Reiten im Gelände oder wenn du über Hindernisse springst, kannst du eine Sicherheitsweste tragen. Achte darauf, dass dir die Weste richtig passt, damit du dich beim Reiten noch gut bewegen kannst.

Sicherheitsweste

Reithelm

Reithose

Handschuhe

Reitstiefel

Kleidung für ein Dressurturnier

Trage keinen Schmuck, keine weite Kleidurg oder flatternde Tücher und Schals, wenn du reitest. Du könntest hängenbleiben und dich verletzen.

Bei den meisten Reitweisen gibt es besondere Kleidung sowie spezielles Zubehör für Pferd und Reiter. Auf Dressurturnieren werden zum Beispiel dunkle Stiefel, eine helle Reithose mit dunklem Jackett oder Frack und eine schwarze Reitkappe oder ein Zylinder getragen. Westernreiter tragen häufig Cowboystiefel, die zum Reiten geeignet sind. Auch der breite Westernsattel darf nicht fehlen.

Westernpferd mit Reiterin

WELCHE 5 DINGE BRAUCHT CONNI ZUM REITEN UND ZUR PFERDEPFLEGE?

Eines der ersten Dinge, die ich auf dem Reiterhof gelernt habe, war der Sicherheitsknoten. Wenn man den erst einmal draufhat, ist er ganz einfach!

ANGEBUNDEN, ABER SICHER!

Verlass dich nicht darauf, dass dein Pferd stehen bleibt, wenn du es putzt oder sattelst. Binde es lieber an. Lege dazu deinem Pferd ein Stallhalfter an. Befestige an dem Ring unter dem Kinn den Führstrick mit Hilfe eines Panikhakens, der sich bei Gefahr schnell öffnet. Knote den Strick mit einem Sicherheitsknoten an einem stabilen Anbindebalken oder Anbindering fest. Der Strick sollte so lang sein, dass sich dein Pferd umschauen kann. Es darf sich jedoch nicht darin verheddern!

Halfter mit Führstrick

Anbinderinge müssen fest in der Wand verankert sein.

Achtung, Gefahr!
Stecke beim Anbinden nicht die Finger durch eine der Schlaufen des Anbindeknotens! Und binde dein Pferd nie an beweglichen Gegenständen wie Türen oder Zaungattern an.

CONNIS PFERDE-MALSCHULE

Zeichne zuerst die Grundformen des Pferdes mit einem Bleistift vor. Der Rücken, der Hals und der Kopf sind oval, das Hinterteil ist rund.

Im nächsten Schritt zeichnest du die Beine ein. Jedes Bein besteht aus drei Ovalen. Verbinde Kopf und Hals mit einem weiteren Oval. Jetzt kannst du die Umrisse nachzeichnen.

Zeichne dann die Details in das Pferd: Augen, Ohren, Maul, Nüstern, Hufe, Mähne und Schweifhaare. Male das Pferd zum Schluss farbig aus.

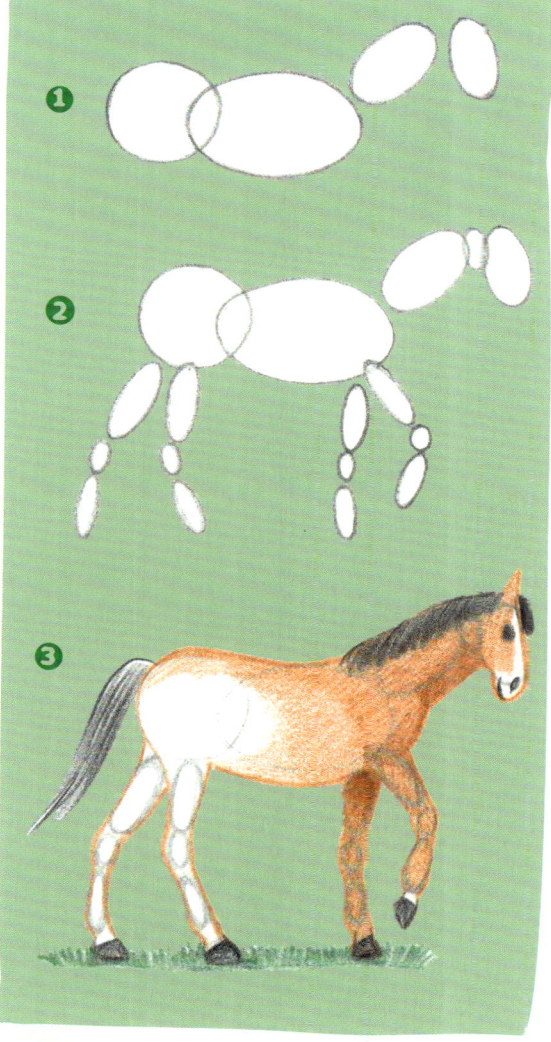

Ein Pferd zu putzen, finde ich fast so schön wie reiten. Und Karlina gefällt es auch!

GUT GEPUTZT!

Vor dem Reiten putzt du dein Pferd. So verhinderst du Scheuerstellen unter dem Zaumzeug und dem Sattel. Doch das Putzen bewirkt noch viel mehr! Dabei lernst du dein Pferd gut kennen und findest heraus, an welchen Stellen es besonders gern gekrault wird und wo es empfindlicher ist.

So putze ich mein Pony:

Zuerst fahre ich mit dem Striegel in großen Kreisen über den Hals, den Bauch und die Seiten.

Dann bürste ich mit der Kardätsche in Fellrichtung über Hals, Brust, Bauch, Rücken und die Seiten. Dabei streiche ich die Kardätsche immer wieder am Striegel ab. Mit einer kleinen, weichen Kardätsche bürste ich ganz vorsichtig den Kopf meines Pferdes. Mit der Wurzelbürste säubere ich behutsam die Beine.

Zum Schluss kommen der Hufkratzer und der Mähnenkamm zum Einsatz.

Putzkasten

1. Hufkratzer zum Säubern der Hufe
2. Kardätsche (weiche Bürste)
3. Striegel zum Entfernen von grobem Schmutz und losen Haaren
4. Mähnenkamm
5. Wurzelbürste (grobe Bürste)
6. Schwamm zum Reinigen der Augenpartie und der Nüstern
7. Schweißmesser zum Entfernen von überschüssigem Wasser nach dem Waschen
8. evtl. Huföl zum Einfetten der Pferdehufe
9. saubere Tücher

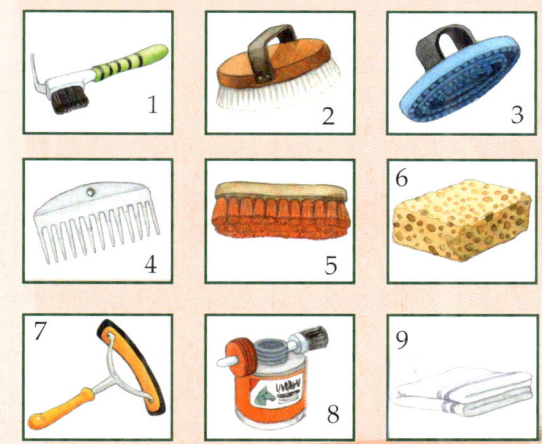

So flichtst du deinem Pferd die Mähne: Bürste diese, bis sie seidig glänzt. Teile dann drei gleich dicke Strähnen ab. Lege erst die linke Strähne über die mittlere. Darüber wird die rechte Strähne gelegt. Wiederhole diesen Vorgang, bis ein geflochtener Zopf entstanden ist. Sichere den Zopf mit einem dünnen Haargummi.

Die Pflege der Hufe ist sehr wichtig, damit dein Pferd gesund bleibt. Stelle dich zum Hufeauskratzen dicht neben das Pferd, dabei schaust du Richtung Hinterhand. Fahre mit der Hand langsam am Bein hinunter und nimm den Huf auf. Entferne vorsichtig Schmutz und Steine. Achte darauf, dass du die weiche Stelle in der Mitte des Hufes, den Hufstrahl, nur mit der Bürste des Hufkratzers reinigst.

Reiten ohne Sattel macht auch Spaß. Hast du das schon mal ausprobiert?

SATTELN: SCHRITT FÜR SCHRITT

Streiche vor dem Auflegen des Sattels noch einmal über den Pferderücken. Und zwar in Fellrichtung! Prüfe dabei, ob alle Dreckklümpchen entfernt sind, damit dein Pferd beim Reiten keine Druckstellen bekommt.

SO SATTELST DU DEIN PFERD RICHTIG:

♥ Lege die Satteldecke auf.

♥ Achte darauf, dass die Satteldecke glatt aufliegt und keine Falten wirft.

♥ Hebe den Sattel kurz hinter den Widerrist des Pferdes. Der Widerrist ist der kleine „Höcker" am Übergang vom Rücken zum Hals.

♥ Schiebe den Sattel vom Widerrist nach hinten in die richtige Lage: Zwischen Vorderbein und Sattelgurt sollte eine Hand passen.

♥ Schließe den Sattelgurt vorsichtig, damit der Sattel nicht verrutschen kann. Passt genau!

Nachgurten kannst du auch vom Sattel aus.

Viele Pferde blähen beim Satteln den Bauch auf. Gurte deshalb den Sattelgurt kurz vor dem Reiten noch einmal behutsam nach, damit der Sattel nicht verrutscht.

He, he, manchmal mach ich meinen Bauch extra dick, wenn Conni mich sattelt!

So, wie die meisten Töpfe einen passenden Deckel haben, gehört auch zum Pferd der richtige Sattel. Dieser muss gut sitzen, damit er beim Reiten nicht scheuert oder schmerzhafte Druckstellen verursacht.

Mit einem Vielseitigkeitssattel kannst du Dressur oder Springen reiten und ins Gelände gehen.

Das ist so wie bei uns mit den Schuhen. Wenn die drücken, will man sie auch nicht tragen!

Dieser Westernsattel hat eine breite Sitzfläche und ein Sattelhorn für das Lasso.

Rennsättel sind sehr klein und leicht. Der Reiter beugt den Oberkörper im Rennsitz weit nach vorne.

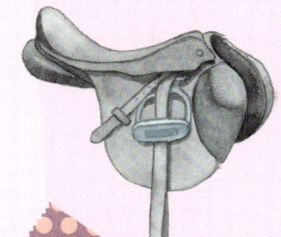

Springsättel geben dem Reiter beim Sprung Halt.

Es gibt unterschiedliche Sättel, denn Pferde können auf verschiedene Weisen ausgebildet und geritten werden. Cowboys haben schwere, stabile Sättel mit einem Knauf für das Lasso. Rennsättel dagegen sind leicht und klein, damit die Pferde schneller rennen können.

Jedes Pferd hat seinen eigenen Sattel. Sattel, Zaumzeug und Putzsachen werden in der Sattelkammer aufbewahrt.

17

DAS ZAUMZEUG ANLEGEN

ZAUMZEUG

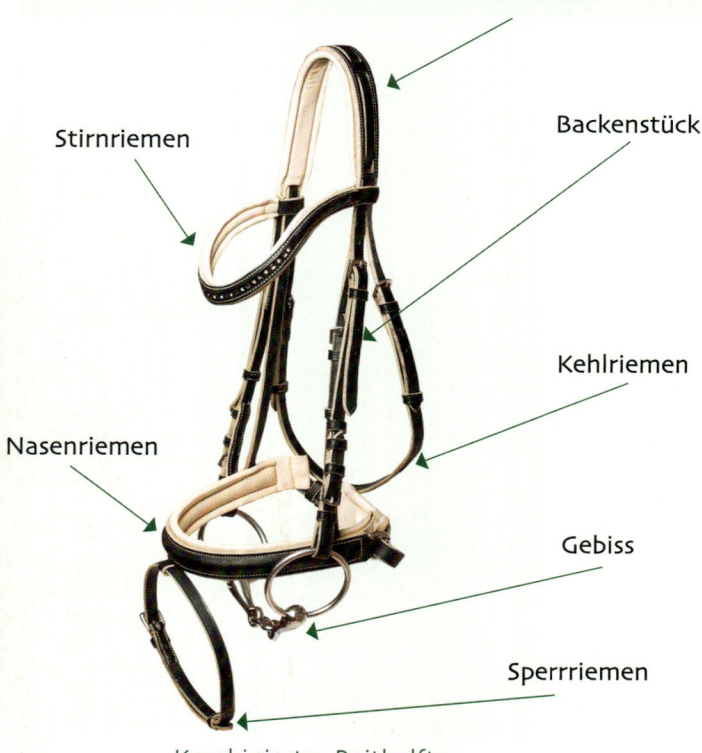

Genickstück

Stirnriemen

Backenstück

Nasenriemen

Kehlriemen

Gebiss

Sperrriemen

Kombiniertes Reithalfter

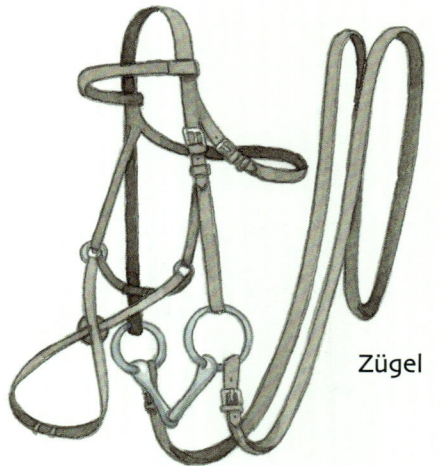

Zügel

Mexikanisches Reithalfter

Nach dem Satteln wird das Zaumzeug angelegt. Mit etwas Übung ist das gar nicht so schwer.

1. Lege den Zügel über den Hals. Greife mit dem rechten Arm um den Pferdekopf, nun hältst du mit der rechten Hand das Zaumzeug fest. Schiebe dann mit der flachen linken Hand das Gebiss vorsichtig in das Pferdemaul.

2. Wenn dein Pferd das Mundstück aufgenommen hat, ziehst du das Zaumzeug nach oben. Lege das Genickstück hinter die Ohren. Der Schopf kommt über den Stirnriemen.

3. Schließe das Reithalfter. Es darf nicht zu eng geschnallt werden. Zwischen Nase und Nasenriemen müssen zwei Finger Platz haben.

4. Zum Schluss schließt du den Kehlriemen. Achte darauf, dass zwischen Kehlriemen und dem Kehlgang eine Faust passt.

Lesespaß mit: „Conni auf dem Reiterhof"

von Julia Boehme

Ich weiß noch, wie ich zum ersten Mal Ferien auf dem Reiterhof gemacht habe. Bei Herrn und Frau Behrens. Am Anfang war es die Katastrophe. Eigentlich wollte ich nämlich mit Anna fahren, doch die wurde krank. Deswegen war ich dort allein und kannte niemanden. Ich hatte schreckliches Heimweh und wäre am liebsten wieder nach Hause gefahren. Aber meine Eltern waren auf Norderney und ich konnte sie nicht erreichen. Und dann gab es da noch Lars: Dieser Blödmann hat mir einen echt fiesen Streich gespielt!

Die falsche Karlina

„Um 10 Uhr geht's los. Alle Reitanfänger treffen sich mit meiner Frau vor der Halle", kündigt Herr Behrens nach dem Frühstück an. „Alle anderen holen sich ihr Pony aus dem Stall und führen es gesattelt zum Reitplatz." „Welches Pony bekomme ich denn?", ruft eins der Mädchen dazwischen.

„Eine Liste hängt gleich neben der Stalltür. Da steht euer Name drauf und der eures Ponys. Ich bin um 10 Uhr natürlich auch im Stall!" Herr Behrens grinst in die Runde. „Na dann, viel Spaß allen zusammen!"

Geräuschvoll werden die Stühle beiseitegeschoben. Am liebsten würden alle sofort zu den Ponys laufen, aber zuerst muss noch abgeräumt werden. Das Geschirr klappert gefährlich …

ANNA	STERN
CONNI	KARLINA
GESCHE	PÜNKTCHEN
JAN	JOSEFINA
LARS	NERO
LISKA	KASPER
YVONNE	BIANCA

Kaum hat Conni ihre Stiefel an und die Reitkappe unterm Arm, ist ihr Heimweh für einen Moment vergessen. Sie hat solche Lust zu reiten.

Gespannt schaut sie auf die Liste. Welches Pony bekommt sie nur?

Karlina, das klingt nach einem richtig netten Pony, denkt Conni zufrieden.

Im Stall hängen an jeder Box hölzerne Namensschilder an kleinen Häkchen.

„Pünktchen", liest Conni, „Kasper, Karlina!"

„Hallo, Karlina", begrüßt Conni ihr Pony.

Doch Karlina nimmt kaum Notiz von Conni. Sie ist ein Fuchs mit leuchtend rotem Fell. Und sie ist ziemlich groß für ein Pony!

Conni muss sich auf die Zehenspitzen stellen, um ihr den Sattel überzulegen. Das Aufsitzen wird nicht gerade einfach …

Karlina scheint keine große Lust zu haben. Unwillig lässt sich das Pony von Conni zum Reitplatz führen.

„Na, komm schon, Karlina!" Conni redet der Stute gut zu: „Zusammen haben wir sicher jede Menge Spaß!"

Der Spaß, den sich Karlina leistet, geht dann aber eher auf Connis Kosten.

Als alle Kinder ihre Ponys in der Mitte des Reitplatzes aufgestellt haben, gibt Herr Behrens den Befehl zum Aufsitzen. Conni will gerade ihr linkes Bein in den Steigbügel stellen, da trottet Karlina einfach los.

Conni führt Karlina zurück und versucht es gleich noch mal. Doch Karlina denkt gar nicht daran stillzustehen.

Wie soll Conni da aufsteigen? Es ist eh nicht einfach, auf so ein großes Pony zu kommen.

Alle anderen sitzen längst auf ihren Pferden. Und schauen kichernd zu, wie Conni immer noch mit Karlina kämpft.

„Wirst du wohl!", schimpft Conni.

„Du kannst ja noch nicht mal aufsitzen", grinst Lars, der gleich neben Conni auf seinem Nero thront.

„Warte, ich helfe dir!" Herr Behrens packt Karlina am Zaumzeug, während sich Conni endlich erfolgreich in den Sattel schwingt.

Herr Behrens stutzt. „Warum hast du auch nicht Karlina genommen?"

„Das habe ich doch!", antwortet Conni verblüfft.

Herr Behrens zieht die Augenbrauen hoch: „Das hier ist Wirbelwind."

„Aber es stand doch ‚Karlina' an der Box!" Da ist sich Conni ganz sicher.

„Die kann ja noch nicht mal richtig lesen!", ruft Lars laut in die Runde. Die Kinder lachen, doch Herr Behrens tut, als habe er nichts gehört.

„Na, hör mal", sagt er streng zu Conni, „ich kenne doch meine eigenen Ponys. Du sitzt auf Wirbelwind. Eigentlich ist der Wallach etwas zu wild und groß für dich. Aber du hast es ja nicht anders gewollt. Also sieh zu, wie du heute mit ihm fertig wirst."

Conni schluckt. Am liebsten wäre sie gleich wieder abgestiegen. Doch als ihr Lars noch einmal frech zugrinst, nimmt sich Conni zusammen.

Dir werd ich es zeigen!, denkt sie wütend.

Und wirklich: Conni reitet so entschlossen, dass Wirbelwind kaum noch Gelegenheit hat, seinen Dickkopf durchzusetzen.

Doch richtig Spaß macht Conni das Reiten diesmal wahrhaftig nicht. Zum ersten Mal in ihrem Leben ist sie sogar richtig froh, als die Reitstunde zu Ende ist.

Als Conni Wirbelwind zurück in seine Box führt, fällt ihr Blick sofort auf das Namensschild.

„Wirbelwind" steht in großen Buchstaben darauf. Das Schild für „Karlina" hängt nun ganz am anderen Ende des Stalles. Ein niedlicher Schimmel schaut aus der Box heraus. Jetzt weiß Conni auf einmal, was passiert ist: Jemand hat die Schilder vertauscht! Conni hätte eigentlich auf dem kleinen freundlichen Schimmel reiten sollen. Aber jemand wollte sie ärgern – und zwar mit Absicht!

Conni kann sich auch denken, wer. Bestimmt war es Lars, der sie die ganze Stunde über so hämisch angegrinst hat.

So eine Gemeinheit! Conni hat keine Lust, nur noch eine Sekunde länger auf diesem blöden Ponyhof zu bleiben!

Doch wie kommt sie von hier weg? Und vor allem, wie kann sie Mama und Papa benachrichtigen?

Alles, was Conni einfällt, ist, einen Brief nach Hause zu schicken. Obwohl ihre

Eltern gar nicht daheim sind, sondern auf Norderney. Aber was soll sie sonst machen?

Das ist wenigstens besser als gar nichts, denkt Conni. Sie kramt ihr Schreibzeug aus dem Rucksack und verkriecht sich damit in die leere Sattelkammer. Sie setzt sich auf einen alten Balken, den Briefblock auf den Knien, und schreibt los:

Liebe Mama, lieber Papa,
ich weiß, eigentlich seid ihr ja genauso lange verreist wie ich. Aber vielleicht regnet es ja ganz doll (hoffentlich!), eine Springflut überschwemmt die Insel, es gibt ein Erdbeben oder sonst was passiert, so dass ihr früher nach Hause kommt. Dann holt mich doch bitte, bitte auch sofort vom Ponyhof ab!!!
Es ist furchtbar hier - ganz furchtbar. Schlimmer als 100 Springfluten und 1000 Erdbeben zusammen!!!
Anna ist nämlich krank. Sie ist gar nicht erst gekommen und ich bin ganz alleine hier. Die anderen Kinder sind allesamt richtig blöd und voll gemein. Selbst die Ponys sind doof! Unvorstellbar, aber wahr!
Nächstes Mal verreise ich nur wieder mit euch! Bitte, bitte, kommt schnell und rettet mich!!!
Hoffentlich lest ihr den Brief bald, denn ich möchte keinen Tag länger hierbleiben!
1000 Küsse eure todtraurige Conni

Conni notiert die Adresse auf das Kuvert. Daneben schreibt sie noch: *SOS-Notbrief!*

Schließlich soll der Brief nicht verloren gehen und von Mama und Papa nach der Rückkehr als Erstes gelesen werden.

Conni steckt den Brief in den gelben Postkasten neben der Eingangstür. Das ist vorläufig alles, was sie tun kann. Außer Daumen drücken natürlich. Daumen drücken, dass auch der Urlaub von Mama, Papa und Jakob furchtbar ist. Dass sie früher als geplant nach Hause kommen, ihren Brief finden und sie retten.

Vielleicht vermissen sie mich ja genau so, wie ich sie vermisse, überlegt Conni. Wenn das so wäre, müssten sie auch ohne Brief schon längst auf dem schnellsten Weg zum Ponyhof sein …

Karlina, Liska und Kartoffeln

Conni war so in Gedanken, dass sie weder den Essensduft noch das Stimmengewirr aus dem Speisesaal wahrgenommen hat.

Doch jetzt zuckt sie zusammen. Sie kommt zu spät zum Mittagessen! Schnell schlittert sie den Gang entlang und schlüpft möglichst unauffällig in den Raum.

Auf Annas Platz sitzt ein fremdes Mädchen.

„Da bist du ja endlich", begrüßt sie Conni freundlich. „Ich habe schon auf dich gewartet!"

Conni schaut sie überrascht an: „Auf mich?"

„Ja, ich habe auch vor dem Essen nach dir Ausschau gehalten. Aber du warst wie vom Erdboden verschluckt! Wo warst du denn?"

„Ich? In der Sattelkammer", murmelt Conni leise.

Doch das Mädchen fragt nicht weiter nach.

„Ich wollte dir nur sagen, wie toll du auf Wirbelwind geritten bist!"

„Ehrlich?", fragt Conni erstaunt.

„Weißt du, ich war schon in den letzten Ferien hier. Daher kenne ich Wirbelwind ganz gut. Das ist ein ganz schöner Dickkopf!"

„Stimmt", nickt Conni. „Übrigens: Ich heiße Conni!"

„Das weiß ich doch schon längst", lacht das Mädchen. „Ich bin Liska."

„Liska", wiederholt Conni. Und zum ersten Mal an diesem Tag lächelt sie wieder.

Liska guckt auf Connis leeren Teller: „Hast du denn gar keinen Hunger?"

„Doch", plötzlich merkt Conni, wie ihr Magen knurrt, „und was für einen!"

Liska schaufelt Conni eine Riesenportion Spaghetti auf den Teller. So viel, dass die Tomatensoße fast überläuft.

Conni fällt wie ein ausgehungerter Tiger darüber her. Mit ihrer Gabel rollt sie ein dickes Nudelpaket und schiebt es sich in den Mund.

Liska schaut zu ihr rüber.

„Genau so will Papa, dass ich Nudeln esse. Mache ich aber nicht!"

Liska hebt ein paar Spaghetti mit der Gabel an und saugt sie geräuschvoll der Länge nach auf, dass die Soße nur so spritzt.

„So macht es nämlich viel mehr Spaß!", erklärt sie mit vollem Mund.

Da hat sie wirklich Recht, findet Conni und schlürft mit Liska um die Wette.

Am Nachmittag ist wieder Reitstunde. Diesmal nimmt Conni die echte Karlina. Die kleine Schimmelstute ist ganz lieb und folgt Conni genau.

„Könnt ihr eigentlich auch einhändig reiten?", fragt Herr Behrens, nachdem sie sich eingeritten haben.

Die Kinder probieren es gleich aus.

Solange sie auf dem Hufschlag ihre gewohnten Runden drehen, ist es nicht schwer. Die Ponys wissen von alleine Bescheid und laufen einfach hintereinanderher. Doch als Herr Behrens sie Bahnfiguren reiten lässt, klappt es schon nicht mehr. Mit einer Hand kann man mit dem Zügel einfach nicht richtig lenken.

Herr Behrens grinst, als alle wild durcheinanderreiten. „Wird ein Pferd denn nur mit dem Zügel gelenkt?", fragt er.

„Außer mit den Zügeln lenkt man mit den Schenkeln und indem man das Körpergewicht verlagert", weiß Conni.

„Genau", nickt Herr Behrens zufrieden. „Wenn ihr einhändig reitet, müssen also die Hilfen mit Schenkel und Körper besonders eindeutig sein. Außerdem gibt es eine bestimmte Zügeltechnik, wenn man einarmig reitet."

Herr Behrens macht es auf Jans Pony vor. „Schaut, so machen es die Cowboys, die eine freie Hand brauchen, um ein Lasso zu werfen."

Jetzt probieren es alle noch einmal.

„Es sah doch so einfach aus", seufzt Conni leise. „Und jetzt?"

Doch nach und nach klappt es immer besser. Und mit einem Mal fühlt sich Conni wie ein echter Cowboy. Statt auf dem Reitplatz reitet sie in Gedanken über die Prärie. Und auch Lars schwingt seinen freien Arm so durch die Luft, als würde er ein Lasso werfen.

„Prima", lobt Herr Behrens. „Mal sehen, ob ihr schon Kartoffelreiten könnt!"

Conni traut ihren Ohren nicht: „Kartoffelreiten?"

Doch sie hat richtig gehört. Herr Behrens verteilt Löffel und Kartoffeln. Sie machen eine Art Eierlauf auf den Ponys. Jeder muss mit einer Hand die Zügel führen und mit der anderen eine Kartoffel auf dem Löffel balancieren.

„Wessen Kartoffel runterfällt, der scheidet aus. Gewonnen hat, wer als Letzter seine Kartoffel auf dem Löffel behält. Also aufgepasst: Ganze Abteilung marsch!"

Conni wagt kaum zu atmen.

Unablässig starrt sie auf ihre Kartoffel, als könne sie sie mit ihrem Blick auf den Löffel nageln. Und es klappt! Doch nach zwei Runden wird es Karlina langsam langweilig, immer nur im Schritt zu reiten. Ungeduldig wippt sie mit dem Kopf und Connis Kartoffel wackelt bedenklich.

„Ruhig, ganz ruhig", fleht Conni ihr Pony an. Und beschwört gleichzeitig im Stillen die Kartoffel: „Und du, bleib gefälligst auf dem Löffel!"

Und wirklich: Karlina trottet ruhig weiter und die Kartoffel liegt immer noch auf dem Löffel, wo sie hingehört.

„Durch die ganze Bahn wechseln", kommandiert Herr Behrens. „Und dann im Zirkel reiten!"

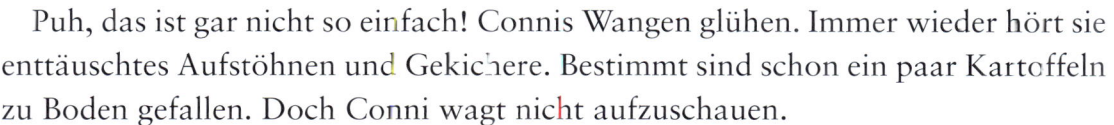

Auch das noch! Vorsichtig gibt Conni mit der linken Hand das neue Zügelkommando. Dabei darf sie aber nicht die Kartoffel aus den Augen lassen.

Puh, das ist gar nicht so einfach! Connis Wangen glühen. Immer wieder hört sie enttäuschtes Aufstöhnen und Gekichere. Bestimmt sind schon ein paar Kartoffeln zu Boden gefallen. Doch Conni wagt nicht aufzuschauen.

Als sie dann doch einen Blick riskiert, staunt Conni. Sie sind ja nur noch zu dritt: Liska, Lars und sie.

Alle anderen sind schon ausgeschieden.

Das liegt auch an Karlina, denkt Conni. Denn auf Wirbelwind wäre sie garantiert nicht so weit gekommen. „Brav", lobt sie ihr Pony. Wenn sie eine Hand frei hätte, würde sie Karlina dankbar auf den Hals klopfen. Jetzt muss die Stimme reichen.

„Mist!", flucht Liska, als ihre Kartoffel vom Löffel fällt. Die Kartoffel schlägt dabei gegen die Beine ihres Ponys und Kasper schießt die Kartoffel wie einen Fußball im hohen Bogen weg: direkt vor Karlinas Hufe.

Erschrocken bäumt sich Karlina auf. Und nicht nur Connis Kartoffel landet auf dem Boden, sondern auch Conni selber.

Zum Glück tut sie sich nicht weiter weh. In der ganzen Aufregung hat natürlich auch Lars' Pony gescheut und die Kartoffel war nicht mehr zu halten. Aber seine ist immerhin als letzte heruntergefallen.

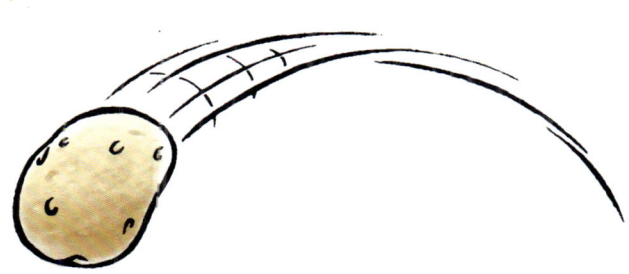

„Gewonnen!", jubelt Lars und galoppiert mit Nero übermütig über den Reitplatz.

So ein Mist! Natürlich hätte Conni Lars gerne besiegt. Ausgerechnet dieser Blödmann muss gewinnen! Aber wirklich traurig ist Conni deswegen nicht. Im Gegenteil. Heute hat ihr die Reitstunde richtig Spaß gemacht.

Das liegt natürlich an Karlina, vor allem aber an Connis neuer Freundin Liska!

Was soll ich sagen? Das sind noch richtig tolle Ferien geworden! Sogar Anna ist noch gekommen. Und am Ende wollten wir beide gar nicht wieder weg!

Textauszug aus dem Buch „Conni auf dem Reiterhof" von Julia Boehme

IN DER REITSTUNDE

WIE FINDE ICH DEN RICHTIGEN LEHRER?

Auf meinem Reiterhof unterrichten Herr und Frau Behrens. Ich finde, die machen das toll. Auch wenn sie manchmal ganz schön streng sind ...

Bei einem guten Unterricht stehen der Spaß am Reiten und die Freude an den Pferden im Vordergrund!

Nicht nur das Pferd, auf dem du reitest, muss zu dir passen. Es kommt auch auf die richtige Reitlehrerin oder den richtigen Reitlehrer an!

Ein guter Reitlehrer wird dir geduldig erklären, wie du dich mit deinem Pferd verständigst. Er geht auf alle deine Fragen ein, wenn du etwas nicht verstehst. Und er sollte sich für den Unterricht immer mal wieder etwas Neues ausdenken.

Für den Anfang ist Einzelunterricht toll. Später lernst du auch in der Gruppe eine Menge. Am besten werden nicht mehr als vier Schüler zugleich unterrichtet.

Schau dir ruhig verschiedene Reitlehrer an, wenn du die Möglichkeit hast. Bei vielen Lehrern kannst du in einer Probestunde den Unterricht kennenlernen.

Wichtig ist, dass du gern zum Unterricht gehst und dich in deiner Reitschule rundum wohlfühlst.

BEVOR ES LOSGEHT

Mach dich vor dem Reiten mit deinem Pferd vertraut. Nimm dir dafür Zeit. Sprich mit ruhiger, sanfter Stimme zum Pferd und streichle es. Lass deine Hand vom Pferd beschnuppern. Das ist besonders wichtig, wenn du mit einem fremden Pferd zu tun hast. Das Aufsteigen übst du am besten auf einem Holzpferd. Am Anfang ist es nämlich gar nicht so leicht, sanft in den Sattel zu gleiten. Kannst du in einer fließenden Bewegung aufsteigen und dich behutsam auf den Holzrücken schwingen? Dann bist du so weit, auf ein echtes Pferd zu steigen!

Beim Voltigieren läuft das Pony auch an der Longe. So wie unser Amadeus!

AN DER LONGE REITEN

Wenn du mit dem Reiten anfängst, musst du auf viele Sachen achten: auf den korrekten Sitz, die aufrechte Haltung und dass du die Zügel richtig hältst. Auch wie du das Pferd „lenkst", musst du erst lernen. Damit du nicht an alles gleichzeitig denken musst, wird das Pferd am Anfang oft an die Longe genommen. Das ist eine lange Leine, mit deren Hilfe der Reitlehrer das Pferd im Kreis dirigiert. So kannst du dich auf deinen Sitz konzentrieren.

Du musst dich nicht darum kümmern, dass dein Pferd in die richtige Richtung läuft. So findest du entspannt heraus, wie sich Schritt, Trab und Galopp anfühlen. Auch kannst du lernen, auf dem Pferd zu sitzen, ohne dich am Zügel festzuhalten. Das schont das empfindliche Pferdemaul.

Eine Longe ist eine etwa 8 Meter lange Leine aus Baumwolle oder Nylon.

Hier voltigiert Celina auf Amadeus! Alle Übungen haben spezielle Namen. Diese Figur nennt man Fahne.

Selbst sehr erfahrene Reiter lassen sich ab und zu an die Longe nehmen, um ihren Sitz zu verbessern. Außerdem werden Pferde longiert, um sie vor dem Reiten aufzuwärmen. So werden beim Pferd die Muskeln traniniert, ohne dass ein Reiter auf seinem Rücken sitzt. Überhaupt kann man verschiedene Übungen mit Halfter und Longe „am Boden" machen. Das macht Spaß! Und du lernst dabei dein Pferd besser kennen.

Hier ist die Longe an einem Kappzaum befestigt. Er eignet sich gut zum Longieren, da das Pferdemaul geschont wird. Mit einem Kappzaum kann man außerdem beim Longieren feine Hilfen geben und das Pferd gut entspannen.

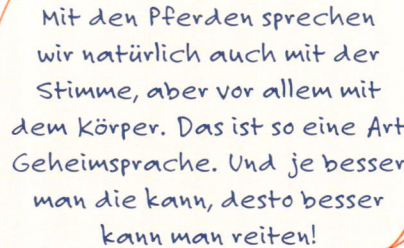

Mit den Pferden sprechen wir natürlich auch mit der Stimme, aber vor allem mit dem Körper. Das ist so eine Art Geheimsprache. Und je besser man die kann, desto besser kann man reiten!

IM GESPRÄCH

Als Reiter lenkst du dein Pferd vor allem mit dem Körper. Zuerst geht dein Blick in die Richtung, in die du reiten möchtest. Dann drehst du den Körper in die entsprechende Richtung. Hierbei verlagerst du ganz automatisch das Körpergewicht. So zeigst du dem Pferd, wohin es laufen soll. Zusätzlich kannst du deinem Pferd beruhigend oder aufmunternd zureden.

Versteht dich dein Pferd einmal nicht, dann prüfe, ob du ihm deine Hilfe gut genug vermittelt hast.

Du verständigst dich mit deinem Pferd über die sogenannten Hilfen. Dazu gehören die Gewichtshilfe, die Schenkelhilfe, die Zügelhilfe und die Stimmhilfe.

WIE GIBST DU DIE HILFEN?

DIE GEWICHTSHILFE Eine gute Balance auf dem Pferderücken ist wichtig, damit du dein Pferd nicht störst oder aus dem Gleichgewicht bringst. Deswegen reitest du zunächst an der Longe. So lange, bis du ohne Zügel im Schritt, Trab und Galopp reiten kannst. Das erfordert eine gute Körperbeherrschung.

DIE SCHENKELHILFE Mit den Schenkeln zeigst du deinem Pferd, ob es sich schneller vorwärts oder zur Seite bewegen soll. Du treibst das Pferd vorsichtig an. Pferde sind sehr sensibel. Sie haben eine empfindliche Haut, auf der sie selbst kleinste Berührungen spüren. Deshalb ist es wichtig, keine groben Schenkelhilfen zu geben. Reagiert ein Pferd also nicht auf deinen Schenkeldruck, bedeutet das nicht, dass es ihn nicht bemerkt hat. Wichtig sind keine groben, sondern eindeutige Signale.

DIE ZÜGELHILFE Über die Zügel nimmst du Verbindung zum empfindlichen Pferdemaul auf. Setz diese Hilfe vorsichtig und immer nur zusammen mit einer Gewichts- und Schenkelhilfe ein, um deinem Pferd nicht wehzutun.

DIE STIMMHILFE Sprich ruhig oder aufmunternd mit deinem Pferd. So entspannt es sich oder wird aufmerksam.

Ich finde toll, dass meine beste Freundin Anna auch reitet. Zusammen macht das nämlich noch mehr Spaß!

TÜR FREI!

Reiten macht immer Spaß, ob allein, zu zweit oder in der Gruppe. Bekommst du Unterricht mit anderen Reitschülern, bist du in der „Abteilung". Das bedeutet, dass ihr in einer Gruppe hintereinanderreitet. Es darf nur nach Aufforderung des Reitlehrers überholt werden. Beim gemeinsamen Reiten sollen die Pferde immer eine Pferdelänge Abstand zueinander haben. Das ist wichtig, damit du auf kein anderes Pferd aufreitest und die Pferde nicht untereinander Streit bekommen. In der Halle oder auf dem Reitplatz wird meist auf festgelegten Linien, den Bahnfiguren, geritten. Damit man sich besser orientieren kann, hat der Reitplatz feste Punkte, die mit Buchstaben gekennzeichnet sind. Die Linie, auf der sich die Pferde ganz außen bewegen, wird Hufschlag genannt.

BESTIMMTE KOMMANDOS HÖRST DU IMMER WIEDER:

Halt! = Anhalten, bitte

Scheeeritt = Das Pferd soll im Schritt gehen

Tür frei! = Kommando, bevor du die Halle oder den Platz betrittst

Tür ist frei! = Antwort zu „Tür frei". Du darfst die Halle oder den Platz betreten.

WICHTIGE BAHNFIGUREN:

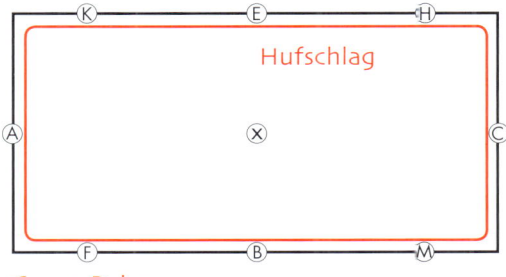

Hufschlag

Ganze Bahn

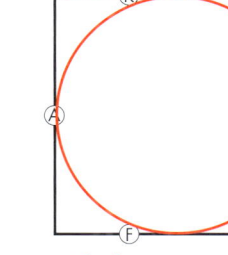

Zirkel

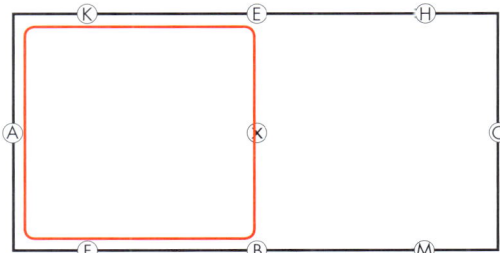

Halbe Bahn

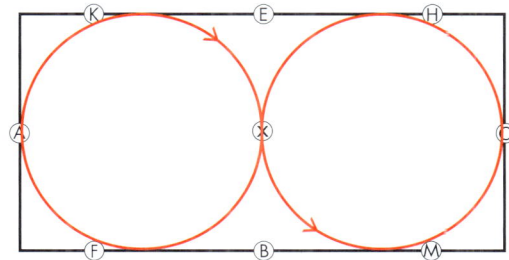

Aus dem Zirkel wechseln

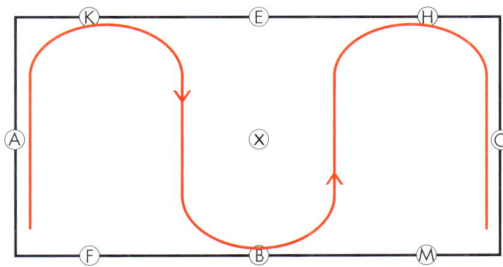

Schlangenlinien durch die
ganze Bahn, drei Bögen

Wer auf der linken Hand
reitet, reitet so auf dem
Hufschlag, dass die linke
Körperseite nach innen
zeigt.

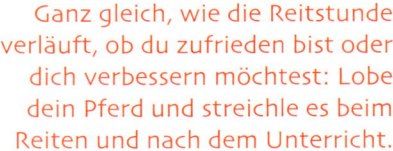

Ganz gleich, wie die Reitstunde
verläuft, ob du zufrieden bist oder
dich verbessern möchtest: Lobe
dein Pferd und streichle es beim
Reiten und nach dem Unterricht.

IN DER GRUPPE REITEN

Wenn ihr gemeinsam auf dem Platz reitet, haltet ihr euch an bestimmte Regeln. So werden Unfälle vermieden. Grundsätzlich achten alle auf die Anweisungen des Reitlehrers. Wer im Schritt reitet, lässt den schnelleren Reitern den Vortritt. Dann wechselt er vom äußeren, ersten Hufschlag auf den zweiten. Dieser befindet sich ungefähr eine Pferdebreite weiter innen. Außerdem müssen die Reiter ihre Pferde gut kontrollieren. Beispielsweise müssen alle auf der gleichen Hand reiten, damit es kein Durcheinander gibt. Das bedeutet: Alle reiten in die gleiche Richtung. Ganz gleich, ob du Anfänger oder Fortgeschrittener bist – die Reiter nehmen Rücksicht aufeinander.

Dieser Reitschüler bekommt Unterricht an der Longe. Das Pferd trabt auf dem Zirkel. Die Kinder auf dem Platz reiten in der Abteilung.

Wenn wir zusammen reiten, lernen wir auch voneinander. Und mehr Spaß macht es sowieso!

Rück mir nicht auf die Pelle! Daher mmer eine Pferdelänge Abstand ha ten.

DIE GANGARTEN

Natürlich ist es toll, im Schritt zu reiten – und im Trab. Am allerliebsten reite ich aber im Galopp. Und Anna und Liska auch!

Pferde bewegen sich in den drei Gangarten Schritt, Trab und Galopp.
Diese Gangarten sind den Pferden angeboren. Islandpferde beherrschen darüber hinaus noch zwei weitere Gangarten. Sie können im Tölt und im Passgang laufen. Der Tölt ist sehr bequem für den Reiter. Beim Passgang bewegen sich Vorder- und Hinterbein einer Körperseite gleichzeitig nach vorn. Beide Gangarten können unterschiedlich schnell geritten werden.
Auch der Paso Peruano, eine südamerikanische Pferderasse, beherrscht den Tölt.
Beim Westernreiten kommt ein sehr langsamer Trab vor, den man Jog nennt.

Galoppierendes
Islandpferd

Der Schritt ist die langsamste Gangart. So bewegen sich die Pferde meistens fort. Auch wild lebende Pferde ziehen vorwiegend im Schritt umher.

Der Trab liegt von der Geschwindigkeit her zwischen Schritt und Galopp. Man kann beim Trabreiten entweder leichttraben oder aussitzen.

Der Galopp ist die schnellste Gangart. Viele Pferde tollen gern im Galopp über die Weide. Bei Gefahr können Pferde ausdauernd und schnell galoppieren.

Du kannst die Gangarten fast mit deinen eigenen Bewegungen vergleichen: Schritt ist wie gehen. Trab ist ähnlich wie joggen. Galopp ist wie rennen. Probier doch mal, wie ein Pferd zu laufen!

Neulich habe ich mich auf dem Pferdehof auf das Reitabzeichen 7 vorbereitet. Nur gut, dass Anna und Liska mitgemacht haben. Zusammen lernt es sich nämlich viel leichter!

DIE REITABZEICHEN

Ganz gleich, ob du Dressur reitest, über Hindernisse springst, Westernreiten magst oder voltigierst: Es macht immer Spaß, sich beim Reiten zu verbessern. Oder gemeinsam mit anderen Pferdefreunden zu trainieren! Hast du Lust auf Wettkämpfe? Dann lege doch ein Reitabzeichen ab. Bestimmt kannst du auf deinem Reiterhof an Kursen teilnehmen, um dich auf die Prüfungen vorzubereiten.

Bei den Prüfungen zu den Abzeichen zeigst du nicht nur, wie du reitest. Auch das Wissen über Pferde, ihre Haltung und ihr Verhalten wird abgefragt. Seit 2014 gibt es neue Reitabzeichen. Hier eine Übersicht über einige wichtige Reitabzeichen:

Beim Reitabzeichen 10 zeigst du den Prüfern unter anderem, was du über die Pferdepflege weißt. Zum Beispiel, wie ein Pferd richtig geputzt wird. Es ist das einfachste Reitabzeichen.

Bei der Prüfung zum Reitabzeichen 9 reitest du im Schritt, Trab und Galopp. Dazu musst du etwas über das Verhalten von Pferden wissen und zeigen, wie ein Pferd geführt wird.
Bei der Prüfung zum Reitabzeichen 8 zeigst du neben dem Reiten und deinem Fachwissen auch einige Bodenübungen.
Beim Reitabzeichen 7 reitest du unter anderem über Cavaletti. Außerdem bewältigst du eine Dressuraufgabe.
Das Reitabzeichen 6 besteht unter anderem aus einer Dressuraufgabe, weiteren Bodenübungen sowie Sprüngen über niedrige Hindernisse.
Es gibt auch verschiedenste Abzeichen für das Westernreiten, das Voltigieren und das Longieren, für das Fahren von Kutschen sowie für Geländereiter.
Oder hast du Lust auf Wettkämpfe? Dann nimm doch an einem Turnier teil!

In Deutschland gehören viele Pferdezüchter, Reiter, Voltigierer und Fahrer von Kutschen zu einem großen Verband. Dieser heißt „Deutsche Reiterliche Vereinigung" und wird kurz als „FN" bezeichnet (nach dem französischen Begriff „Fédération Équestre Nationale"). Es gibt die FN seit 1905. Sie organisiert Turniere, das Züchten von Pferden und die Pferdehaltung. Außerdem verleiht die FN nach bestandenen Prüfungen verschiedenste Abzeichen.

Hast du bei einem Turnier eine gute Note erreicht, bekommt dein Pferd eine Turnierschleife angesteckt.

IMMER IM GLEICHGEWICHT

Beim Reiten brauchst du ein gutes Körpergefühl. Das kannst du auch trainieren. Hier ein paar Übungen:

AN DER LONGE:

♥ Hebe vom Pferd aus die Arme in die Höhe. Strecke sie abwechselnd nach vorn, zur Seite und nach hinten. Dann beuge dich nach vorn und berühre deine Fußspitzen.

♥ Lehne dich so weit nach hinten, wie du kannst, bis du möglichst auf dem Rücken des Pferdes liegst.

♥ Es macht auch Spaß, mit anderen Reitern und ihren Pferden zu spielen! Wer angelt vom Sattel aus einen Apfel aus einem Wassereimer?

OHNE PFERD:

♥ Fitness und Ausdauer helfen auch beim Reiten! Lauf mit Freunden um die Wette oder renne im Slalom über eine Wiese.

♥ Führe einen kleinen Ball eng um deinen Körper herum. Wechsle dabei die Hände und die Richtung.

♥ Stell dich gerade hin, hebe ein Knie und berühre es mit der gegenüberliegenden Hand. Wiederhole die Übung mehrmals im Wechsel.

Was immer du dir einfallen lässt: Hauptsache, dein Pferd und du seid ein gutes Team und ihr habt Spaß, wenn ihr zusammen etwas Neues ausprobiert.

Lesespaß mit: „Conni und das tanzende Pony"

von Julia Boehme

Was bisher geschah ...
Bei meinem zweiten Besuch auf dem Reiterhof, haben
Anna und ich uns für einen Voltigierkurs angemeldet.
Turnen auf einem Pony – ist das nicht cool? Und Liska
und Lars waren auch wieder mit dabei!

Das große Wiedersehen

Dann ist es so weit: Anna und Conni sitzen auf der Rückbank von Papas Auto und starren gebannt aus dem Fenster.

„Gleich sind wir da", meint Papa.

Als ob sie das nicht wüssten! Da, gerade fahren sie am Ortsschild von Rittenfelde vorbei. Papa setzt den Blinker und schon holpern sie über Kopfsteinpflaster durch eine schmale, schattige Allee.

„Juhu!" Direkt vor ihnen liegt der Ponyhof. Kaum hält der Wagen, stürmen Conni und Anna los. Denn aus dem grünen Kombi, der kurz vor ihnen angekommen ist, holt Liska gerade ihr Gepäck.

„Hallo!", lacht sie. Und schon fallen sich alle um den Hals.

Vor dem Haus warten Herr und Frau Behrens auf ihre Gäste. Ihnen gehört der Ponyhof.

„Wie schön! Dann sind ja alle da", freut sich Frau Behrens. „Ihr habt noch etwas Zeit und könnt euch in Ruhe euer Zimmer einrichten. Es ist gleich oben rechts. Und um drei Uhr gibt es vor dem ersten Training noch eine kleine Stärkung."

„Soll ich euch tragen helfen?", fragt Papa, als er ihre Reisetaschen aus dem Kofferraum hievt.

„Wir sind doch keine Babys", stellt Conni klar.

„Tja", meint Papa, „dann bin ich hier wohl überflüssig."

„Stimmt haargenau!" Conni gibt Papa schnell noch ein Abschiedsküsschen, bevor sie ihn ins Auto schiebt. „Gute Fahrt und grüß Mama und Jakob schön!"

Papa winkt noch einmal aus dem Fenster, bevor er um die Ecke biegt. Aber das hat Conni gar nicht mehr gesehen. Denn schon schleppen Anna, Liska und sie ihre Reisetaschen ins Haus, die Treppe hoch zum Mädchenschlafzimmer.

Von den vier Betten ist eines bereits belegt.

„Wer schläft denn hier?", wundert sich Liska.

„Mann, ist die ordentlich", staunt Anna.

Das geblümte Nachthemd liegt exakt in der Mitte des Bettes. Gleich darunter auf dem Fußboden stehen fein säuberlich ein Paar Hausschuhe. Und auch auf dem Nachttisch herrscht penible Ordnung.

„Oje, hoffentlich ist das nicht irgend so eine Pingeltante", meint Liska.

„Ach, mit der werden wir schon fertig", lacht Conni.

„Stimmt, die wird sicher mehr unter unserer Unordnung leiden als wir unter ihrer Ordnung", meint Liska und wirft mit Schwung all ihre Tüten und Taschen aufs Bett.

Anna, die angefangen hat, ihre Sachen in einen der Schränke zu räumen, schaut sie von der Seite an. Ein bisschen mehr Ordnung würde Liska auch nicht schaden …

„Wollen wir nicht lieber zu den Ponys gehen?", fragt Conni. „Auspacken können wir doch später noch!"

Das überzeugt selbst Anna. Die drei rennen die Treppe wieder hinunter, quer über den Hof zur Weide.

Sie müssen gar nicht lange warten. Schon kommen die Ponys zu ihnen ans Gatter getrabt, um sie zu begrüßen.

Conni kennt sie noch alle von ihrem letzten Besuch auf dem Pferdehof: Da ist Nero, ein ungestümer Rappe, Pünktchen, die alte Liese, Kasper, Josefina, Bianca, Stern und Wirbelwind.

Nur ein Pony fehlt. Eine kleine Schimmelstute.

„Wo ist denn Karlina?", fragt Conni.

Liska zuckt mit den Schultern. „Keine Ahnung!"

„Das gibt's doch nicht", murmelt Conni enttäuscht. Ausgerechnet Karlina ist nicht da. Ihr Lieblingspony!

„Vielleicht wird sie gerade geritten", versucht Anna sie zu trösten.

„Jetzt? Das glaub ich nicht!" Conni schluckt. „Sie wird doch noch hier auf dem Hof sein, oder?"

„Bestimmt", sagt Anna schnell. „Wir fragen gleich mal Frau Behrens!"

„Schaut doch mal den Fuchs dahinten", meint Liska plötzlich. „Der ist neu, oder?"

„Ist der hübsch!", ruft Anna.

Conni nickt. Das Pony hat leuchtend rotes Fell, eine helle Mähne und eine breite Blesse am Kopf. Besonders niedlich sind die vier weißen Söckchen. Trotzdem: Karlina wäre ihr lieber gewesen. Conni hatte sich schon so auf sie gefreut. Die Möhren in ihrem Rucksack sind doch vor allem für sie!

„Warum kommt der Neue denn nicht auch ans Gatter?", fragt Anna und schnalzt mit der Zunge. „Na, komm doch! Komm!"

Der Fuchs stellt aufmerksam die Ohren auf und trabt zwei Schritte näher heran. Doch ganz ans Gatter traut er sich nicht.

„Mann, ist der scheu!", lacht Liska.

„Passt mal auf, gleich kommt er!" Conni zieht eine Tüte aus ihrem Rucksack. „Hallo! Wir haben auch was Schönes dabei."

Die anderen Ponys drängen sich noch näher um die Mädchen. Jedes versucht, am meisten Äpfel und Möhrenstückchen zu ergattern.

Nur der Neue traut sich immer noch nicht. Na, so was! Conni läuft am Zaun entlang, ganz in seine Nähe.

„Ja komm, das ist für dich!", lockt sie und hält ihm eine Möhre hin. Zaghaft kommt das Pony näher. Es hat Conni fast erreicht, als Nero blitzschnell herangaloppiert und es verjagt.

„Na, hör mal! Was soll denn das? Es ist genug für alle da!", schimpft Conni und versteckt die Möhre hinter ihrem Rücken. „So ein Rüpel wie du bekommt keine Extramöhre!"

Nero scharrt mit seinem Huf, doch Conni bleibt eisern. Als der Rappe wieder zu Anna und Liska hinübertrabt, versucht Conni nochmals, das neue Pony an den Zaun zu locken. Doch es traut sich nicht mehr. So verfüttert Conni ihre Möhre schließlich an Liese.

Kaum sind die Leckerbissen alle, tollen die Ponys wieder auf der Weide herum. Der kleine Fuchs bleibt dabei immer abseits der Herde.

„Er scheint hier noch gar keinen Freund gefunden zu haben", meint Conni.

„Armer Kerl", nickt Anna. „Manchmal ist es auch für Ponys schwer, irgendwo neu zu sein!"

„Seid mal still!" Liska legt den Finger auf den Mund. „Ich glaub, in der Halle wird trainiert!"

„Was? Schon?" Conni kann es kaum glauben. Doch jetzt hört sie es auch: In der Reithalle gibt jemand Anweisungen. „Los, lass uns mal gucken!", schlägt sie vor.

Tatsächlich! Mitten in der Halle steht Frau Behrens und longiert ein Pony. Ein hübsches schneeweißes Pony.

Conni macht vor Freude einen Hüpfer. „Aber da ist ja Karlina!" Nur schade, dass die Äpfel und Möhren schon alle sind.

Doch Karlina hat zum Fressen auch gar keine Zeit. An der Longe galoppiert sie im Kreis herum. Auf ihrem Rücken kniet ein Mädchen.

„Schaut euch das an", staunt Anna.

Das Mädchen steht auf, streckt ein Bein nach hinten und macht, perfekt wie aus dem Lehrbuch, die Übung, die Conni zu Hause auf ihrem Stuhl probiert hat.

Doch das Beste kommt noch: ein Handstand. Ein Handstand auf einem galoppierenden Pony!

Wahnsinn! Conni bleibt die Luft weg. Sie reitet ja selbst schon seit ein paar Jahren. Und natürlich machen sie hin und wieder kleine Übungen auf dem Pferderücken, reiten freihändig oder verkehrt herum. Aber so etwas? Das ist ja zirkusreif!

„Prima, Celina! Einfach großartig!", ruft Frau Behrens. „Mach noch einen schönen Abgang, dann hören wir für heute auf."

Im nächsten Moment wirbelt Celina durch die Luft und landet kerzengerade auf dem Boden.

Conni, Anna und Liska applaudieren.

„Oh, wir haben ja Zuschauer", ruft Frau Behrens.

Celina macht lachend eine kleine Verbeugung.

Während Frau Behrens Karlina ablongiert, schlendern die drei Freundinnen wieder zur Ponyweide hinüber.

„Vielleicht war das mit dem Voltigierkurs doch keine so gute Idee", murmelt Anna.

„Wieso das denn?", fragt Liska verwundert.

„Hast du das nicht gesehen? Ich kann ja noch nicht einmal auf dem Boden einen vernünftigen Handstand", erwidert Anna.

„Na und? Soweit ich weiß, haben wir uns für einen Anfängerkurs angemeldet", lacht Liska.

„Trotzdem, allein das Abspringen!", ruft Anna.

„Das geht bestimmt auch einfacher", meint Conni.

„Klar", sagt Liska. „Das normale Abspringen ist ganz leicht."

Anna hebt den Kopf. „Wirklich?"

„Aber ja", nickt Liska, „nur das Aufspringen soll verflixt schwierig sein!"

Anna guckt, als habe sie in eine saure Zitrone gebissen.

„Na komm!" Conni stupst sie aufmunternd an. „Das wird schon nicht so schlimm!"

Seufzend schiebt Anna ihre Brille hoch. „Diese Celina macht das alles, als ob es nichts Einfacheres gäbe. Und dann sieht sie noch verdammt gut aus."

Liska nickt. „Würde mich nicht wundern, wenn es die ist, die bei uns im Zimmer wohnt. Das ist eins dieser perfekten Mädchen: kann immer alles, ist ordentlich, hübsch und hilfsbereit! Woaah, schrecklich!" Liska schüttelt sich.

Anna wirft ihr einen bösen Blick zu. „Überhaupt nicht schrecklich!"

Also, wenn sie einen Wunsch frei hätte, wüsste sie, was sie sich wünschte: nämlich ganz genauso wie diese Celina sein!

Die Ponys auf der Weide beachten die Mädchen nicht weiter. Gemütlich grasen sie im Schatten und denken gar nicht daran, noch einmal an den Zaun zu kommen.

„Kaum haben wir nichts mehr zum Knabbern, sind wir abgemeldet!", schimpft Conni lachend.

„Dann können wir ja auspacken", sagt Anna.

„Fällt dir nichts Besseres ein?" Liska stöhnt, kommt dann aber doch mit aufs Zimmer. „Na gut, bringen wir's hinter uns."

Sie sind fast fertig, als die Tür aufgeht. Es ist Celina.

„Hallo", sagt Anna. „Du kannst echt …" Sie bricht mitten im Satz ab und starrt – ebenso wie Conni und Liska – fassungslos auf den langen weißen Stock, den Celina bei sich hat.

Einen Blindenstock!

Conni findet als Erste ihre Sprache wieder.

„Du kannst echt toll voltigieren", beendet sie Annas Satz.

„Danke! Dann habt ihr also zugeschaut", lacht das Mädchen. „Ich heiße übrigens Celina. Und ihr?"

„Ich bin Conni."

„Ich Liska!"

„Und ich bin Anna!"

„Bist … bist du blind?", platzt Liska heraus.

„Ja, von Geburt an", sagt Celina. Dabei klingt sie gar nicht traurig.

„Kannst du gar nichts sehen?", fragt Conni.

„Nichts!"

„Wie ist denn das?", fragt Liska. „Siehst du dann einfach nur schwarz?"

„Nein", sagt Celina. „Nicht schwarz, nicht weiß, nicht grau. Ich sehe einfach nichts. Man hört ja auch keinen hohen oder tiefen Ton, wenn man taub ist."

„Nichts?" Anna schüttelt sich. „Das kann ich mir gar nicht vorstellen."

„Und ich kann mir Sehen nicht vorstellen", meint Celina. „Im Übrigen müsst ihr euch keine Sorgen machen, ich brauch keinen Babysitter. Hier auf dem Hof kenne ich mich prima aus."

„Wir machen uns keine Sorgen", sagt Conni schnell. „Aber wenn wir trotzdem mal helfen können …"

„Das ist nett", lacht Celina. „Also, es wäre toll, wenn ihr möglichst wenig auf dem Boden rumstehen lasst. Das sind echte Stolperfallen für mich."

Liska überlegt einen Moment. „Bist du deswegen so ordentlich, damit du nicht fällst?"

„Ja, und damit ich alles wiederfinde." Celina lacht. „Ohne Ordnung bin ich verloren!"

„Und worauf sollen wir noch achten?", fragt Anna hilfsbereit.

„Darauf, dass die Schranktüren zu sind. Sonst knalle ich garantiert dagegen!"

„Kein Problem!", meint Liska und schließt ihre Schranktür mit einem gezielten Tritt.

Wumms!

Und dann war es so weit: unsere erste Voltigierstunde! Mensch, war ich aufgeregt!

Ein Pony namens Ottokar

Gemeinsam holen die Mädchen Karlina von der Koppel. Sie wird geputzt, bandagiert und aufgetrenst. Doch statt eines Sattels bekommt sie eine Decke und einen breiten Voltigiergurt umgelegt.

„Als Erstes müssen wir uns alle aufwärmen", sagt Frau Behrens. „Auch das Pony."

Während Herr Behrens Karlina in Schritt und Trab ablongiert, lässt Frau Behrens alle Kinder um den Reitplatz laufen. Vorwärts, rückwärts, seitwärts und im Entengang. Damit auch Celina mitmachen kann, nimmt Conni sie an die Hand.

„Und wann kommen wir aufs Pferd?", keucht Moritz.

„Wenn eure Muskeln schön warm sind", meint Frau Behrens und macht gleich die nächste Übung vor.

„So, nun kommt mal mit. Bevor ich euch auf Karlina loslasse, möchte ich euch nämlich noch ihren Kollegen vorstellen. Das liebste und geduldigste Pferd vom ganzen Reiterhof: unseren Ottokar."

„Ottokar? So ein blöder Name für ein Pferd", zischt Anna empört.

„Ich finde, der passt", lacht Celina.

Und das findet Anna auch, als sie Ottokar kurz darauf kennenlernt. „Ach, du bist das", kichert sie und streichelt dem Holzpferd über seine Bürstenmähne.

„Das Erste, was ihr beim Voltigieren können müsst, ist das Aufsteigen", sagt Frau Behrens. „Ihr packt die Griffe vom Voltigiergurt, springt hoch und schwingt das rechte Bein über das Pferd!"

Celina macht es den anderen vor. Bei ihr sieht es ganz leicht aus. Ist es aber nicht.

Doch zum Glück gibt Frau Behrens Hilfestellung. „Nicht einfach auf den Rücken plumpsen lassen", mahnt sie. „Weich einsitzen!"

Auch das Absteigen üben sie. Und dann den Grundsitz mit weit ausgebreiteten Armen. Auf Ottokar ist das nicht weiter schwer. Doch als Conni später auf Karlina reitet – ohne Sattel und Steigbügel –, ist das schon etwas anderes …

In den ersten Stunden haben die Kinder bereits allerlei Übungen ausprobiert: im Reiten das Pferd umarmen, rückwärts sitzen, seitwärts sitzen und knien – mit Festhalten natürlich.

Die letzte Übung am Ende der Stunde machen sie am liebsten. Da sollen sich nämlich alle bei Karlina bedanken.

„Fürs erste Mal haben wir das doch ganz gut hinbekommen", lacht Conni, als sie Karlina auf die Weide führen.

„Stimmt", nickt Anna. „Aber ob ich den Aufsprung jemals ohne Hilfestellung schaffe? Ich weiß nicht!"

„Bestimmt", sagt Celina. „Trau dich einfach!"

„Das ist es eben", murmelt Anna. „Wenn ich vorm Aufspringen neben Karlina herlaufe, habe ich solche Angst, dass sie mir auf die Füße trampelt. Und wir haben doch nur Schläppchen an!"

„Da passiert schon nichts", lacht Celina.

Anna seufzt.

„Du kannst das ja mit Ottokar üben", meint Celina. „Ich mach es dir gern noch mal vor, wenn du willst."

„Au ja!", ruft Anna. Und auch Conni und Liska üben begeistert mit.

Von Tag zu Tag ging es besser. Und wisst ihr was? Am Ende konnten wir sogar schon bei einer kleinen Aufführung mitmachen!

Textauszug aus dem Buch „Conni und das tanzende Pony" von Julia Boehme

54

SPORT MIT PFERDEN

AUF DEM BODEN BLEIBEN

Ein Pferd zu führen ist auch eine Bodenübung. Und keine leichte. Vor allem, wenn du ein verfressenes Pony hast und frisches Gras am Wegrand wächst...

Bei der Bodenarbeit führst du das Pferd am Strick oder an der Longe. Du reitest also nicht. Bodenarbeit kannst du in der Halle, auf dem Reitplatz oder im Gelände machen. Lass dich anfangs von einem erfahrenen Erwachsenen begleiten, bis dein Pferd und du aufeinander eingespielt seid. Du kannst üben, im Slalom zu gehen oder dein Pferd rückwärts zu richten. Ihr könnt auch über eine Wippe laufen oder du trainierst, dass dein Pferd ruhig bleibt, wenn jemand mit einer Tüte knistert oder eine Fahne schwenkt. Mit der Zeit lernt dein Pferd, dir immer mehr zu vertrauen. Es wird ruhiger und erschrickt nicht mehr so schnell vor lauten Geräuschen.

Mit viel Übung wird selbst die aufregendste Plane irgendwann Routine ...

Die Bodenarbeit hilft dir dabei, dein Pferd besser kennenzulernen. Außerdem baust du so eine vertrauensvolle Beziehung zu ihm auf. Und es macht großen Spaß, einmal etwas Neues mit deinem Pferd zu probieren.

AUF DEM PFERD TURNEN

Beim Voltigieren turnst du auf einem Pferd! Das Pferd läuft an der Longe. Statt eines Sattels trägt es einen breiten Gurt mit Griffen.

Voltigiert wird immer in der Gruppe. Die Mitglieder tragen übrigens keine Reitkleidung, sondern enge Turnanzüge. Anfänger üben ganz einfache Sachen, wie zum Beispiel mit ausgestreckten Armen auf dem Pferd zu sitzen. Richtige Könner bilden sogar Pyramiden auf dem galoppierenden Pferd.

Beim Voltigieren trainierst du deinen Gleichgewichtssinn und bekommst ein gutes Gefühl für die Gangarten des Pferdes. Denn es wird im Schritt, vor allem aber im Galopp geturnt.

Beim Voltigieren läuft das Pferd an der Longe.

57

Manchmal macht Josefina einfach nicht, was ich will, und vermasselt mir die ganze Übung.

Mach dir nichts draus. Nächstes Mal klappt es bestimmt!

DRESSURREITEN: IN PERFEKTER HARMONIE

Bei der Dressur geht es um die Verbindung zwischen Pferd und Reiter. Damit das Pferd den Reiter tragen kann, muss es gymnastiziert werden. Es baut durch die Dressurübungen verschiedene Muskeln auf, die ihm helfen, den Reiter zu tragen. Auch lernt es, den Anweisungen und Hilfen des Reiters zu folgen.

In der Reitstunde trainierst du zunächst einfache Dressurübungen. Zum Beispiel das Reiten eines großen Kreises, des Zirkels. Nach und nach können sich das Pferd und du immer mehr steigern. Besonders schwierige Übungen, für die Pferd und Reiter oft jahrelang trainieren, nennt man „Hohe Schule".

Mit Dressurübungen bauen Pferde nicht nur Muskeln auf. Sie werden auch beweglicher. Deshalb sind Dressurübungen für jedes Pferd gut, unabhängig von der Reitweise, in der es trainiert und ausgebildet wird.

Bei der Dressur werden verschiedene Bahnfiguren und Übungen auf dem Reitplatz geritten. Das soll möglichst harmonisch aussehen. Das Pferd soll dabei locker und entspannt sein. Sein Reiter natürlich auch!

Vorführung bei einem Turnier

Dressurübungen kann man fast überall machen, nicht nur auf dem Reitplatz, sondern auch unterwegs im Gelände.

Zufrieden und aufmerksam bewegt sich das Pferd unter dem Sattel. So ist es ideal!

Manche Pferde springen gerne, andere nicht. Mit Flecki zu springen ist ein Kinderspiel. Aber mit Josefina hatte ich da so meine Probleme ...

SPRINGREITEN: KRAFTVOLL ÜBER HINDERNISSE

Woraus entstand das Springreiten?
a) Aus dem Dressurreiten
b) Aus dem Jagdreiten im Gelände

Beim Jagdreiten mussten früher oft Hecken und andere Hindernisse übersprungen werden. Daraus entwickelte sich im Laufe der Zeit der Springsport. Hier werden unterschiedliche Hindernisse, wie Wassergräben, Zäune und Mauern, nachgebaut.

Manche Pferde springen sehr gern über Hindernisse.

Parcours beim Springreiten

Beim Springreiten überwinden Pferd und Reiter Hindernisse. Werden die Hindernisse in einer bestimmten Reihenfolge übersprungen, nennt man das auch Parcours. Auf einem Turnier versuchen die Reiter, den Parcours so schnell wie möglich und fehlerfrei zu absolvieren.

Bei Turnieren gibt es Punktabzüge oder Fehlerpunkte, wenn sich Pferd und Reiter nicht an die Reihenfolge halten, ein Hindernis gerissen oder verweigert wird.

Cavaletti sind sehr einfache, niedrige Hürden, die sich besonders gut für Springanfänger eignen. Die kleinen Hindernisse bestehen aus runden Stangen, deren Enden an niedrigen Kreuzen befestigt sind.

Dieses Hindernis nennt man Oxer. Es ist ein Hochweitsprung. Reiterin und Pferd überwinden hierbei nicht nur die Höhe des Hindernisses, sondern springen auch nach vorn.

Wir haben auch einhändig reiten geübt! Beim Kartoffelreiten blieb nur eine Hand am Zügel, mit der anderen mussten wir eine Kartoffel auf einem Löffel balancieren.

WESTERNREITEN: WEITE STRECKEN ZURÜCKLEGEN

Das Westernreiten kommt aus den USA. Dort treiben Cowboys ihre Rinderherden über ausgedehnte Weideflächen. Sie verbringen viele Stunden im Sattel, daher müssen sich ihre Pferde angenehm reiten lassen und die Sättel sehr bequem sein. Beim Westernreiten verständigt sich der Reiter über besonders feine Hilfen mit dem Pferd. Denn die Cowboys halten die Zügel oftmals nur in einer Hand, um mit der anderen das Lasso zu schwingen. Daher sollte ein gut ausgebildetes Westernpferd schon auf ganz kleine Hinweise reagieren.

MOUNTED GAMES: SPIELE FÜR ROSS UND REITER

Rasanter geht's nicht! Mounted Games sind spannende und abwechslungsreiche Reiterspiele. Es treten mehrere Teams gegeneinander an, die jeweils aus vier Reitern und einem Trainer bestehen. Und natürlich den Ponys!

Im Wettkampf müssen möglichst schnell und geschickt verschiedenste Spiele bewältigt werden: Bälle aus Eimern angeln, Luftballons mit Lanzen zerstechen, Slalomreiten oder auf galoppierende Pferde springen.

Bei den Mounted Games müssen nicht nur Pony und Reiter voll aufeinander eingespielt sein, sondern das ganze Team. Denn in den Wettbewerben zählt nicht das Abschneiden des Einzelnen, sondern das der gesamten Mannschaft.

Bei diesem Spiel absolvieren die Reiterinnen den Parcours untergehakt.

SPORTLICH, SPORTLICH!

Im Laufe der Jahrtausende haben sich viele verschiedene Sportarten und Wettkämpfe zu Pferde entwickelt.

Galopprennen gibt es schon seit langer Zeit. Vor allem Englische Vollblüter werden dafür gezüchtet. Sie galoppieren besonders schnell und sind sehr temperamentvoll. Die Reiter der Rennpferde werden Jockeys genannt.

Bei Trabrennen dürfen die Pferde nie schneller als Trab laufen. Es gibt Rennen, die geritten werden, und andere, bei denen die Jockeys in einem kleinen Wagen, dem Sulky, fahren.

Polo gehört zu den ältesten Reiterspielen. Es wurde nämlich schon vor rund 2500 Jahren in China und Persien gespielt – und zwar von Männern und Frauen. Die Spieler versuchen im Polo, mit Holzschlägern einen Ball ins gegnerische Tor zu schlagen. Dabei wechseln sie innerhalb eines Spiels mehrmals ihre Pferde.

Manche Polospiele werden auch im Schnee ausgetragen.

PFERDEWISSEN I

Anna und ich haben beide unsere Lieblingsponys. Meine sind Karlina und Josefina. Anna mag Stern am liebsten!

ENG VERBUNDEN

Ganz gleich, ob du auf einem Schulpferd reitest, dich um ein Pflegepferd kümmerst oder selbst ein Pferd hast – in jedem Fall ist es wichtig, dass dein Pferd dir vertrauen kann. Und umgekehrt. Denk daran, dass du für ein lebendiges Wesen verantwortlich bist, denn ein Pferd ist kein Sportgerät.

Daher solltest du die Zeit mit dem Pferd genießen – auch wenn es mal nicht so läuft, wie du es dir vorgestellt hast. Denn auch Pferde haben hin und wieder einen schlechten Tag. Das kennst du sicher auch von dir. Beim nächsten Mal klappt es bestimmt wieder besser.

Hohe Kunst! Ein Pferd ohne Sattel und Zaumzeug zu reiten, erfordert jahrelange Übung. Pferd und Reiterin müssen ein eingespieltes Team sein!

Dein Pferd ist dein wichtigster Lehrer.
Es zeigt dir genau, was es mag und
was nicht. Mit Geduld, Respekt und
etwas Übung kannst du herausfinden,
was es dir sagen will. Auch dein Pferd
lernt von dir. Und es muss ebenfalls
herausfinden, was du ihm mit deinen
Hilfen und deiner Körpersprache
sagen willst.

Auch wenn du gerade nicht reitest:
Beobachte so oft wie möglich die
Pferde auf deinem Reiterhof. Das
macht nicht nur Spaß, sondern du
lernst auch viel darüber, wie Pferde
sich untereinander verhalten, welche
sich besonders mögen, wovor sie
erschrecken und wo sie gern grasen.
Mit der Zeit lernst du so die Pferde gut
kennen.

Wenn du im
Einklang mit dem
Pferd bist, fühlt
es sich im Galopp
so an, als würdest
du fliegen …

Für die Reitabzeichen mussten wir alle Körperteile lernen. Manche sind ja leicht. Aber kennt ihr das Röhrbein oder die Schweifrübe?

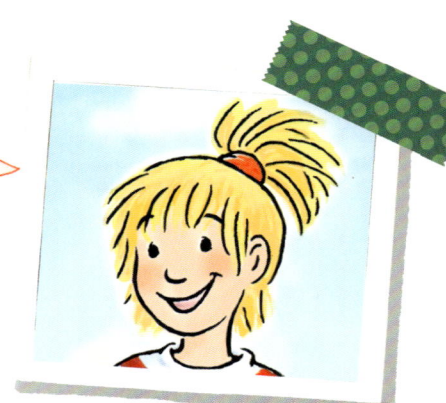

DER PFERDEKÖRPER

Was sind Nüstern? Und wo befindet sich der Widerrist? Hier erfährst du die wichtigsten Körperteile eines Pferdes. Viele sind dir sicher bekannt, wie etwa Rücken oder Auge. Für andere wiederum gibt es spezielle Fachbegriffe.

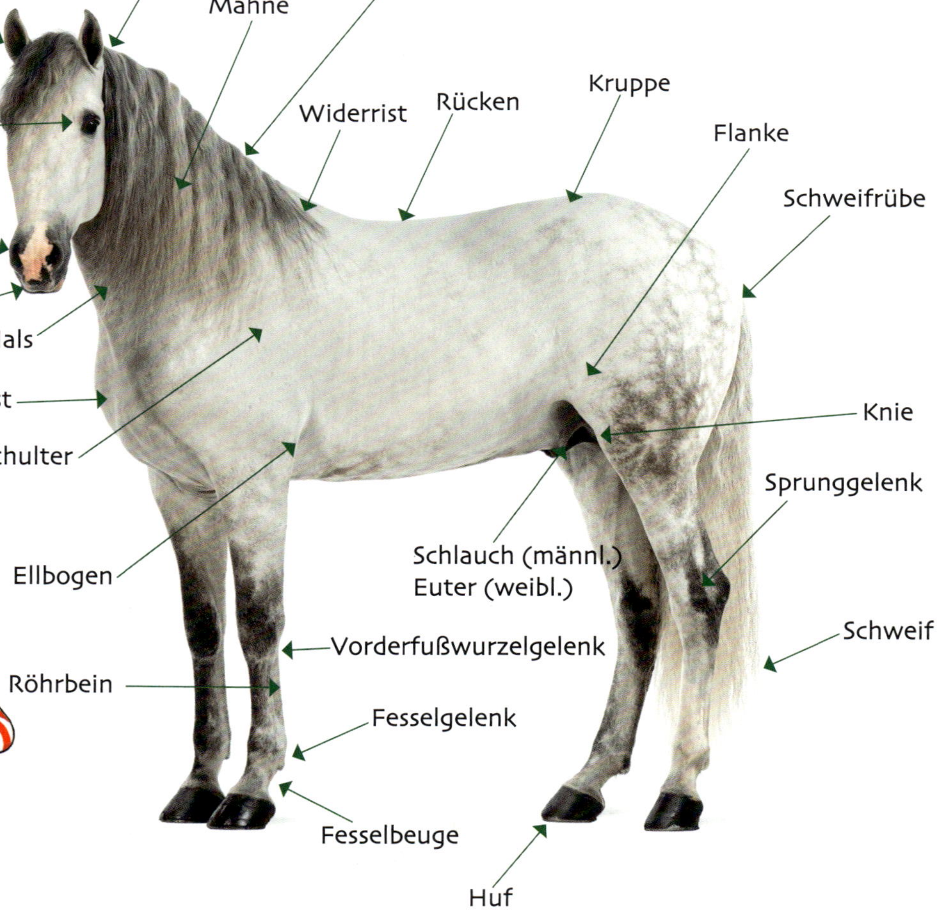
Genick
Ohren
Mähnenkamm
Mähne
Augen
Widerrist
Rücken
Kruppe
Flanke
Schweifrübe
Nüstern
Maul
Hals
Brust
Schulter
Knie
Sprunggelenk
Ellbogen
Schlauch (männl.)
Euter (weibl.)
Vorderfußwurzelgelenk
Schweif
Röhrbein
Fesselgelenk
Fesselbeuge
Huf

Das Stockmaß ist eine Messlatte, mit der die Größe eines Pferdes bestimmt wird. Sie wird vom Boden bis zum Widerrist angelegt.

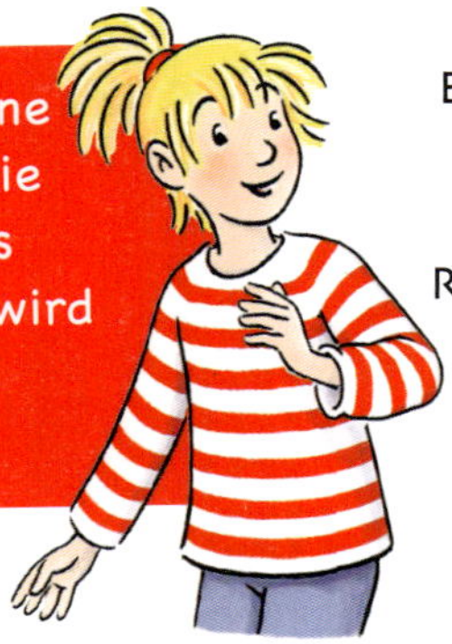

Mähne und Schweif sehen nicht nur schön aus, sie schützen das Pferd auch vor lästigen Insekten.

Die Hufe eines Pferdes bestehen unter anderem aus Horn, wie unsere Fingernägel. Allerdings fühlen sich die Hufe viel härter an. Pferde haben nur noch eine Zehe, die von dem Huf umhüllt wird. Die übrigen Zehen haben sich in Jahrmillionen zurückgebildet.

Ziegen sind Paarhufer.

Pferde sind Unpaarhufer.

Beim Pferdekörper werden drei Bereiche unterschieden. Zur **Vorhand** gehören der Pferdekopf, der Hals und die Schulterpartie sowie die Vorderbeine. Zur **Mittelhand** zählt man den Bauch, den Rücken und die Flanken. Die **Hinterhand** umfasst die Kruppe, den Schweif und die Hinterbeine.

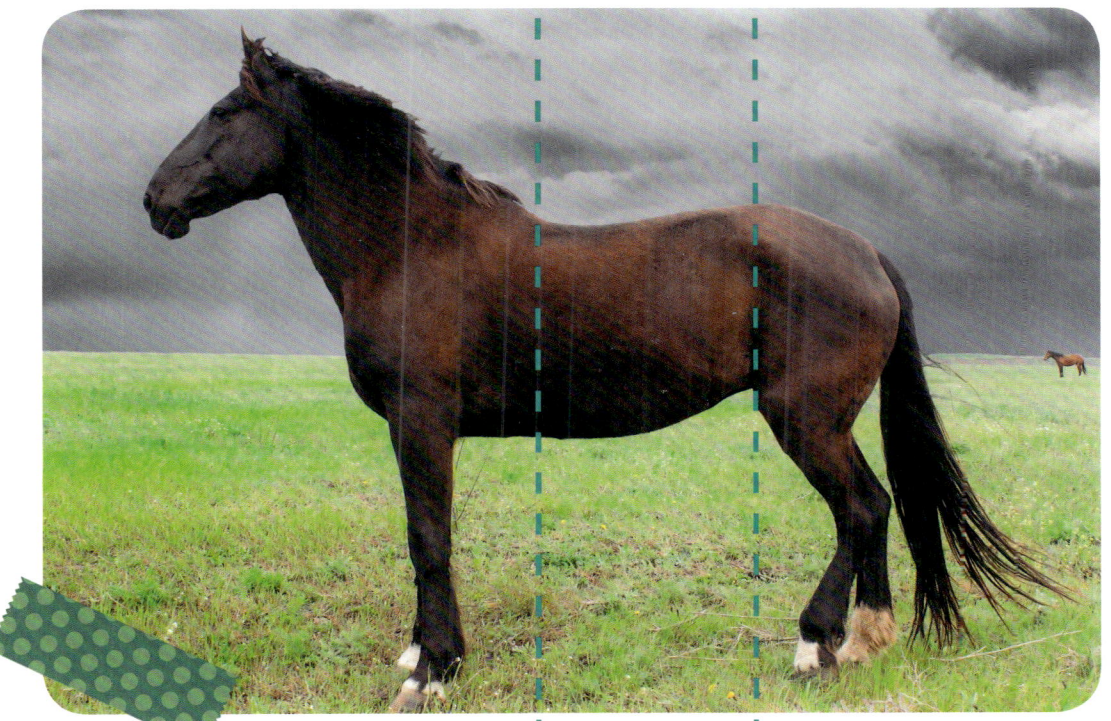

Vorhand   Mittelhand   Hinterhand

Karlina liebt es, gestreichelt zu werden. Und wenn ich mal zu früh damit aufhöre, stupst sie mich einfach an!

STARKE SINNE

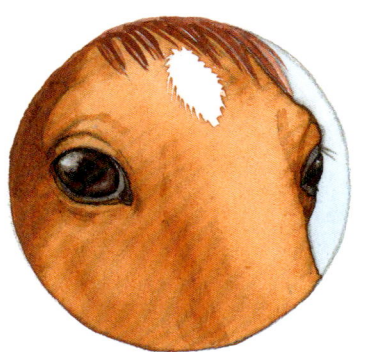

SEHEN Die Augen der Pferde sitzen seitlich am Kopf. So haben sie fast einen kompletten Rundumblick. Nur in einem kleinen Bereich direkt vor und direkt hinter sich sehen Pferde nichts. Nähere dich einem Pferd deshalb nie von dort, sondern immer schräg seitlich von vorne, denn es könnte sich sonst leicht erschrecken.

Mit allen Sinnen nehmen Pferde ihre Umgebung wahr, auch mit den Geschmacksnerven. Pferde können genau wie wir Süßes, Salziges, Saures und Bitteres schmecken.

So bitte nicht!

Nähere dich einem Pferd nie direkt von hinten! Es könnte ausschlagen.

HÖREN Pferde hören viel besser als Menschen. Ihre Ohren sind sehr beweglich. An der Stellung der Ohren kannst du auch die Stimmung eines Pferdes ablesen. Zum Beispiel bedeuten ganz eng anliegende Ohren, dass ein Pferd droht. Es fühlt sich unwohl oder ist angriffslustig.

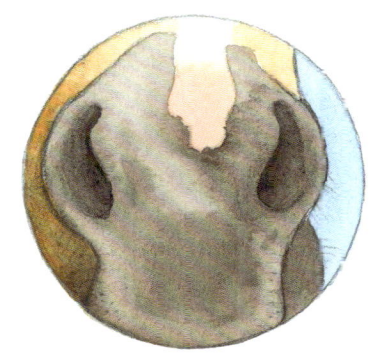

FÜHLEN Pferde spüren kleinste Berührungen auf der Haut, wenn eine Fliege auf ihnen sitzt. An den Nüstern, im Augenbereich und am Maul haben sie feine Tasthaare. Mit den Tasthaaren am Maul spüren sie, welches Futter sie zu sich nehmen. Auch Verunreinigungen im Futter, wie kleine Steine, können sie so aussortieren.

RIECHEN Pferde können auch besser als Menschen riechen. Bevor sie etwas fressen, schnuppern sie daran, ob es auch das Richtige für sie ist.

Drohendes Pferd. Die Ohren sind deutlich angelegt. Halte Abstand!

71

Max und Amadeus sind beste Ponyfreunde und unzertrennlich. Wenn Max mal allein von der Weide geführt wird, wiehert Amadeus so lange, bis Max wieder da ist.

WIE SPRECHEN PFERDE?

Mit einem Wiehern begrüßen sich Pferde untereinander. Stuten rufen wiehernd ihre Fohlen. Wenn sich Pferde freuen oder allein fühlen, zeigen sie das ebenfalls mit einem Wiehern. Das hört sich je nach Gemütslage der Pferde ganz unterschiedlich an. Doch die wichtigste Ausdrucksform eines Pferdes ist nicht das Wiehern, sondern die Körpersprache. Sie zeigt am deutlichsten, was ein Pferd empfindet.

Diese zwei zeigen ihre Zuneigung durch gegenseitiges Kraulen und Beknabbern.

Gespitzte Ohren, hoch erhobene Köpfe und scharrende Hufe: Karlina, Amadeus und Max sind bereit zu spielen!

12

Was gibt es Schöneres, als über die Koppel zu toben? Der ganze Körper strahlt Energie und Kraft aus!

Nicht nur Pferde genießen es, gestreichelt und gekuschelt zu werden!

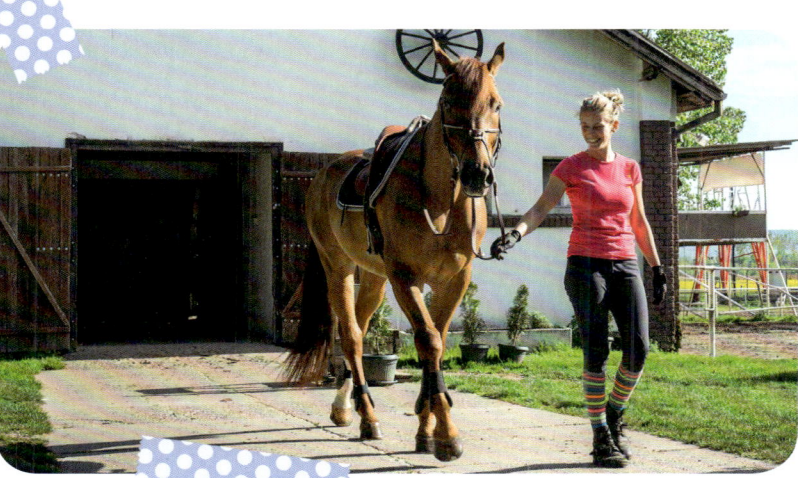

Dieses Pferd begleitet seine Reiterin entspannt zum Reitplatz.

Die beiden Islandpferde messen ihre Kräfte und steigen dabei spielerisch auf die Hinterbeine.

Lass das! Dieser Schimmel legt die Ohren an und hebt drohend das Hinterbein.

Als Max neu auf dem Reiterhof war, gehörte er gar nicht richtig zur Herde, sondern stand immer abseits und war allein. Erst als das Zirkuspony Amadeus dazukam, fand er einen Freund.

IN DER HERDE IST ES AM SCHÖNSTEN

Pferde und Ponys sind Herdentiere. Sie fühlen sich in Gesellschaft anderer Pferde am wohlsten. Viele Pferde schließen sogar enge Freundschaften. Sie spielen auf der Weide miteinander, fressen zusammen oder passen gegenseitig aufeinander auf, wenn ein Tier ruhen oder schlafen möchte. Pferde fühlen sich in der Gemeinschaft geborgen und sicher.

DIE RANGORDNUNG

In jeder Pferdeherde gibt es eine Rangordnung. Sie bestimmt, welches Pferd zuerst fressen oder trinken darf. Meist führt ein älteres und erfahrenes Tier die Herde an.

Das muss nicht immer das größte Pferd sein. Viel wichtiger ist, wie gut sich das Pferd gegenüber seinen Artgenossen durchsetzen kann und dass es gute Entscheidungen für seine Herde trifft.

Die Rangordnung kann sich auch verändern, zum Beispiel wenn Pferde heranwachsen oder einzelne Mitglieder die Herde verlassen oder dazustoßen. Pferde, die neu dazukommen, müssen geduldig sein: Oft dauert es einige Zeit, bis sie von ihren neuen Gefährten akzeptiert werden und ihren Platz in der Gruppe finden.

Mit angelegten Ohren vertreibt ein ranghöheres Pferd das rangniedere Tier von einer Futterstelle. Reicht diese Drohgebärde nicht aus, kann das ranghöhere Pferd auch schnappen oder ausschlagen, um an das Futter zu kommen.

NACHWUCHS!

Tierbabys sind immer süß und Pferdefohlen sowieso! Bereits kurz nach der Geburt richten sie sich auf und staksen auf wackeligen Beinen zur Mutter, um zu trinken. In der Muttermilch sind viele wichtige Nährstoffe enthalten, die das Fohlen zum Wachsen braucht. In den ersten Wochen ernährt es sich fast ausschließlich von Muttermilch. Dann nimmt es nach und nach auch feste Nahrung wie Heu oder Gras zu sich. Stuten bekommen ein spezielles Futter, während sie ein Fohlen austragen. In den letzten Monaten vor der Geburt und während sie das Fohlen säugen, werden sie geschont.

Nach etwa elf Monaten Tragzeit kommt ein Fohlen zur Welt. Oftmals findet die Geburt dann statt, wenn es ruhig im Stall oder auf der Weide ist, also in der Nacht oder in den frühen Morgenstunden.

Zumeist verlaufen Pferdegeburten reibungslos und ohne menschliche Hilfe. Das Fohlen kommt in der Regel mit den Vorderbeinen zuerst heraus, dann folgen der Kopf und der restliche Körper.

Bereits kurz nach der Geburt kann das Fohlen mit der Herde laufen.

Übermütig saust dieses Fohlen über die Weide. Es gibt so viel zu entdecken!

Die meisten Stuten bringen ein Fohler zur We t. Zwi linge sinc bei Pferden seh‐ selten.

Oje, wenn einem das Pferd durchgeht, kann man nur versuchen, sich oben zu halten! Gar nicht so einfach!

WAS MACHEN PFERDE BEI GEFAHR?

Wittert ein Pferd Gefahr, versucht es meistens zu fliehen. Nur wenn ein Pferd gar keinen Ausweg mehr sieht, wird es sich verteidigen und notfalls kämpfen, zum Beispiel durch Beißen oder gezielte Huftritte.

Nimmt ein Pferd eine Gefahr wahr, warnt es auch seine Artgenossen in der Herde. Wenn du bemerkst, dass dein Pferd nervös wird, rede ihm beruhigend zu. Du kannst es auch ablenken, indem du es in eine andere Richtung führst oder eine Dressurübung reitest.

In der Regel versuchen Pferde bei Gefahr zu fliehen.

Lesespaß mit: „Conni und das neue Fohlen"

von Julia Boehme

Was bisher geschah ...
Wenn Tiere Nachwuchs bekommen, brauchen sie normalerweise keine Hilfe. Aber manchmal muss doch der Tierarzt kommen. Genauso war es bei Karlina, als sie ihr Fohlen bekam!

Wer rettet Karlina?

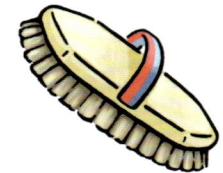

Mitten in der Nacht schreckt Conni auf. Da war doch was! Hat es nicht eben gerumst?

Conni hört leises Fluchen auf dem Flur. Schon schlüpft sie aus dem Bett und schleicht zur Tür.

„Aua! So ein Mist!", hört sie es jammern.

Was ist denn da los? Vorsichtig öffnet sie die Tür. An der Wand gegenüber steht jemand und hält sich den Fuß. Es ist zwar dunkel, aber Conni erkennt ihn sofort.

„Was machst du denn da?", flüstert sie.

„Nichts, ich hab mir den Zeh gestoßen. Das ist alles", meint Moritz unwirsch.

Irgendwie ist Conni klar, dass es diesmal nicht um einen Streich geht. Dazu ist es viel zu spät.

„Du bist geschlafwandelt, stimmt's?", fragt sie.

„Und wennschon", brummt Moritz.

Conni grinst. Bei ihren letzten Ferien auf dem Ponyhof ist Moritz sogar schlafend bis nach draußen zur Weide getapert.

„Da gibt's überhaupt nichts zu lachen", brummt Moritz.

„Ich lache ja nicht", sagt Conni schnell. „Diesmal bist du wohl aufgewacht?"

„Ja, weil ich mir volle Kanne den Zeh gestoßen habe", murmelt Moritz gerade, als unten das Licht angeht.

Conni und Moritz sind augenblicklich still.

„Ich verstehe das nicht. Er ist doch sonst immer zu erreichen", hören sie Frau Behrens. „Und jetzt kriege ich ihn weder zu Hause noch übers Handy."

„Probier's einfach noch einmal", sagt Herr Behrens ruhig.

Conni riskiert einen Blick übers Treppengeländer. Frau Behrens tippt an ihrem Handy herum und wartet. Für einen Moment ist es ganz still. Conni und Moritz wagen kaum zu atmen.

„Nichts. Nur der Anrufbeantworter!"

„Dann sprich ihm halt drauf!"

Frau Behrens holt Luft. „Hallo, hier Behrens. Karlina bekommt ihr Fohlen. Das heißt, sie bekommt es nicht", stammelt sie nervös. „Es hätte längst da sein müssen. Irgendwas stimmt da nicht! Und ich weiß nicht, was ich machen soll. Bitte melden Sie sich, so schnell es geht!"

Frau Behrens seufzt. „Hoffentlich hört er es bald ab! Ich möchte wissen, wieso er nicht drangeht."

„Entweder schläft er tief und fest oder er hat einen anderen Notfall", meint Herr Behrens.

„Und jetzt?"

„Du gehst rüber zu Karlina. Und ich fahr bei Herbert vorbei. Seit Tagen schon hat er Probleme mit seinem Bullen. Und wenn Doktor Hoffmann dort nicht ist, fahre ich direkt bei ihm vorbei und klingle ihn aus dem Bett!"

„Okay", meint Frau Behrens matt. „Einen Versuch ist es wert. Ich hoffe, ich kann Karlina irgendwie helfen."

Conni und Moritz hören Schritte, die Tür zum Hof klappt zu, kurz darauf heult draußen ein Automotor auf.

„Da ist was mit Karlina", krächzt Conni heiser. „Und die können deinen Vater nicht erreichen. Wo kann der denn bloß stecken?"

Moritz zuckt mit den Schultern. „Ich hol mein Handy und versuch's auch noch mal."

Mit dem Telefon am Ohr kommt er zurück. Er lauscht.

„Nichts", sagt er schließlich.

„Kann es sein, dass er es beim Schlafen nicht hört?"

Moritz schüttelt den Kopf. „Handy und Telefon liegen auf dem Nachttisch. Der wacht immer auf, wenn's klingelt." Er überlegt. „Vielleicht hat er es kurz ausgestellt, weil er bei einem Patienten ist?"

Conni schnappt nach Luft. „Die Kälbchen", fällt ihr plötzlich ein. „Vielleicht ist er dort!"

„Was für Kälbchen?"

„Die sollen bald geboren werden", erklärt Conni aufgeregt. „Bei irgendeinem Bauern auf dem Hof. Bosel oder so ähnlich."

„Brosel? Ja, das könnte sein!" Moritz nickt. „Und das passt auch: Bei einer Geburt darf man nicht stören!"

„Los, wir sagen Frau Behrens Bescheid!", wispert Conni aufgeregt.

„Was habe ich gerade gesagt? Bei einer Geburt darf man nicht stören. Und bei Pferden schon gar nicht!", wiederholt Moritz eindringlich. „Wir können jetzt nicht bei Karlina hineinplatzen!"

„Aber …", stammelt Conni.

„Außerdem habe ich eine viel bessere Idee", flüstert Moritz. „Der Hof von Brosels ist nämlich gar nicht weit!"

„Los, komm mit", meint er und schleicht die Treppe hinunter.

„Was hast du denn vor?"

„Wir holen Papa einfach. Mit den Ponys sind wir ganz schnell da."
Schon läuft Moritz die Treppe hinunter.

Conni kommt ihm hinterher. „Reiten? Jetzt im Dunkeln?", fragt sie erschrocken.

„So dunkel ist es gar nicht", weiß Moritz. „Ich schlafwandele nämlich nur bei Vollmond." Er schlüpft bereits in die Reitstiefel. „Los, worauf wartest du?"

Zögernd greift Conni nach ihren Stiefeln. „Haben uns die Behrens das nicht eigentlich verboten?", murmelt sie.

„Na und?", brummt Moritz. „Oder ist es dir lieber, dass Karlina stirbt? Oder das Fohlen?"

Conni wird blass. „Kann das denn sein?"

„Alles schon da gewesen", meint Moritz nur. „Also los! Oder soll ich alleine reiten?"

Natürlich nicht! Conni zwängt die bloßen Füße in die Stiefel. Ein merkwürdiges Gefühl ist das.

Sie laufen über den Hof. Über dem Stall hängt der Mond. Kreisrund und leuchtend. Conni staunt, draußen ist es wirklich hell genug – auch ohne Lampe.

Die Ponys laufen auf der Weide umher, nicht anders als tagsüber. Während Moritz sich Max holt, überlegt Conni kurz. In der Reitstunde kommt sie mit Josefina zwar ganz gut zurecht. Aber jetzt muss es vor allem schnell gehen und da ist Stern einfach die bessere Wahl.

„Ja hallo, Stern", begrüßt sie das Pony freundlich.

Doch statt zu ihr zu kommen oder wenigstens stehen zu bleiben, nimmt Stern Reißaus. Conni läuft hinterher. Doch so klappt es erst recht nicht. Also bleibt Conni stehen und bettelt und fleht. „Stern, komm! Du musst mir helfen! Sternchen, bitte!"

Doch das Pony denkt nicht daran, sich in der Nacht von der Weide holen zu lassen.

Conni läuft die Zeit davon. Moritz legt Max schon die Trense an. Was soll sie nur machen?

Der Mondscheinritt

„Los, wir müssen Karlina retten, schnell!", ruft Conni verzweifelt. Tränen laufen ihr übers Gesicht. Da zupft sie jemand von hinten am T-Shirt. Und als sie sich umdreht, steht Josefina da.

„Willst du mir helfen?", fragt Conni und wischt sich über die Wange.

Das Pony stupst sie an, als wolle es sagen: „Na, mach schon, dann können wir endlich los!"

„Du bist toll!" Conni klopft Josefina den Hals und führt sie von der Weide.

Moritz hat inzwischen Schutzwesten geholt und Helme, die vorne und hinten kleine Lichter haben.

„Wir reiten zwar nicht auf der Straße, aber trotzdem ist das besser", meint er.

Um Zeit zu sparen, verzichten sie auf die Sättel.

Schon schwingen sich beide auf ihre Ponys und reiten los. Da hören sie ein lautes Wiehern von der Weide. Es ist Amadeus.

„Du bleibst jetzt hier. Wir sind gleich zurück", versucht Moritz ihn zu beruhigen.

Doch Amadeus wiehert nur noch lauter.

„Was soll's, dann kommst du eben mit!"

Moritz lässt ihn von der Weide. Und als sie losreiten, läuft Amadeus glücklich hinterher.

Erst ist es Conni ein wenig mulmig ohne Sattel. Doch Josefina ist ganz ruhig. Wie von selbst läuft sie den Feldweg entlang. Und schon nach wenigen Metern fühlt sich Conni auf Josefinas breitem Rücken so sicher wie auf einem Sofa.

„Wollen wir traben?", fragt Moritz wenig später.

„Einverstanden", antwortet Conni.

Josefina, Max und Amadeus traben los.

Connis Herz klopft mit im Takt. So schön Mond und Sterne sind, sie muss die ganze Zeit an Karlina und ihr Fohlen denken. Hoffentlich finden sie Doktor Hoffmann, hoffentlich kann er helfen!

Ein Käuzchen wischt an ihnen vorbei. Max bäumt sich erschrocken auf. Moritz kann sich gerade noch halten. „Ganz ruhig", fleht er.

Doch Max hat sich richtig erschreckt und tänzelt unruhig hin und her. Erst als Amadeus an seine Seite kommt, läuft er zögernd weiter. Conni fasst den Zügel fester. Auch Josefina ist unruhig geworden. So ein Mondscheinritt ist wirklich nicht ohne.

Was, wenn ein anderes Tier aus den Büschen flitzt? Eine Maus oder ein Fuchs?

Conni schluckt. Raschelt da nicht was?

Plötzlich hören sie ein lautes Brüllen. Josefina macht einen Sprung. Conni fällt fast vom Pferd vor Schreck. „Was war das?", japst sie.

„Eine Kuh, nur eine Kuh", weiß Moritz. Aber erschrocken hat er sich auch.

Nur gut, dass in der Ferne Lichter zu sehen sind.

„Da ist schon der Hof", sagt Moritz und reitet noch ein wenig schneller.

Kurz danach erreichen sie die Hofeinfahrt.

„Papa ist wirklich hier! Da steht das Auto", jubelt Moritz. Und tatsächlich: Auf dem Hof steht Bauer Brosel und schüttelt Herrn Hoffmann die Hand.

„Vielen Dank, Herr Doktor! Was würden wir nur ohne Sie machen?"

„Das ist doch selbstverständlich", sagt Herr Hoffmann und blickt auf. Was machen denn die beiden Reiter dort so spät in der Nacht?

Lieber Himmel, denkt er. Das sind ja Kinder!

„Hallo, Papa!", ruft Moritz da schon.

„Was macht ihr denn hier?", fragt Herr Hoffmann fassungslos. „Seid ihr etwa ganz allein unterwegs?"

„Wir kommen Sie holen", sprudelt Conni los. „Sie müssen Karlina helfen. Da stimmt was nicht mit dem Fohlen!"

„Und du bist nicht ans Handy gegangen", ergänzt Moritz vorwurfsvoll.

„Ich hab's zwischendurch nur kurz ausgemacht."

„Bitte fahren Sie zu den Behrens", bettelt Conni. „Schnell!"

Herr Hoffmann blickt unschlüssig zum Auto. „Kann ich euch denn allein nach Hause reiten lassen?"

„Machen Sie sich mal keine Sorgen, Herr Doktor. Ich begleite die Kinder zum Hof zurück", bietet Herr Brosel an.

„Aber wieso denn? Wir sind doch auch alleine hergekommen!", widerspricht Moritz.

„Schlimm genug", sagt sein Vater streng. „Herr Brosel, das ist ein tolles Angebot. Ich verlass mich auf Sie."

„Sehr gerne", antwortet der Bauer.

„Gut, dann bis später!"

Schon eilt Herr Hoffmann zu seinem Auto und braust davon.

„Tja, wie machen wir das jetzt?" Ernst Brosel kratzt sich am Kopf. „Am besten, wir laufen."

„Oh nein", stöhnt Moritz. „Muss das sein?"

„Ich hab halt kein Pferd", stellt Herr Brosel klar.

„Und wenn einer von uns Amadeus nimmt?", fragt Conni.

Doch Herr Brosel schüttelt den Kopf. „Ich kann überhaupt nicht reiten", gibt er zu.

„Tja, dann!" Seufzend steigt Moritz vom Pony.

Aber da hat Herr Brosel noch eine Idee. „Das heißt, ich habe ja einen Drahtesel!"

Und so müssen sie doch nicht laufen: Bauer Brosel fährt mit seinem quietschenden Fahrrad voraus. Dahinter reiten Conni und Moritz auf ihren Ponys gemächlich im Schritt. Als Letzter trottet Amadeus hinterdrein.

Je näher sie zum Pferdehof kommen, desto eiliger haben es die Ponys. Und es ist gar nicht so einfach, sie ruhig zu halten und Herrn Brosel nicht zu überholen,

der langsam auf seinem Fahrrad dahineiert. Auf den letzten Metern kommt ihnen jemand auf dem Feldweg entgegengelaufen.

„Kinder, Kinder, ihr macht Sachen", keucht Herr Behrens. Er ist wohl gleich losgerannt, als Herr Hoffmann angekommen ist.

„Alleine in der Nacht loszureiten!", schnaubt er.

„Ist ja man alles gut gegangen", meint Herr Brosel gutmütig. Er dreht sich zu den Kindern um. „Sind gute Reiter, die beiden, das muss ich sagen."

„Trotzdem ...", widerspricht Herr Behrens.

Conni schluckt. „Das war doch ein Notfall."

„Allerdings!", keucht Herr Behrens außer Atem. „Aber noch einmal macht ihr das nicht!"

„Was ist denn jetzt mit Karlina?", platzt Conni heraus.

„Ich weiß nicht!" Herr Behrens hebt die Arme. „Ich bin euch ja gleich entgegengelaufen."

„Jetzt, wo Sie da sind, kann ich mich ja schon mal auf den Rückweg machen", meint Herr Brosel.

„Ja, natürlich! Danke noch mal, Ernst!", sagt Herr Behrens.

„Kein Ursache!" Ernst Brosel wendet sein Fahrrad. „Und alles Gute für eure Karlina", wünscht er noch und radelt davon.

„Na, dann kommt", sagt Herr Behrens und marschiert nach Hause zurück.

Conni möchte am liebsten gleich zum Ponyhof galoppieren. Aber sie müssen auf Herrn Behrens warten. Und der kommt zu Fuß noch langsamer voran als Herr Brosel auf seinem Fahrrad.

Doch schließlich haben sie es geschafft. Herr Behrens hält ihnen das Gatter auf. Connis erster Blick fällt auf den Stall. Dort brennt noch Licht. Von Frau Behrens und Herrn Hoffmann ist nichts zu sehen. Bestimmt sind sie noch bei Karlina.

Schweigend trensen sie die Ponys ab und bringen sie zurück auf die Weide.

„Danke, Josefina", flüstert Conni ihrem Pony zu. „Das hast du toll gemacht!"

Josefina schnaubt wohlig, als sie ihr die Stirn streichelt.

„Und morgen bekommst du ein paar Extramöhren. Versprochen!"

Die Stalltür quietscht. Conni dreht sich um. Frau Behrens und Herr Hoffmann kommen! Sofort rennt sie mit Moritz zu ihnen hinüber.

Beide sehen müde aus. Frau Behrens' Haare hängen verstrubbelt ins Gesicht, aber sie lächelt.

„Ist noch mal alles gut gegangen", sagt sie.

Herr Hoffmann schaut Moritz und Conni nachdenklich an.

„Es war aber schon gut, dass ihr mich geholt habt", gibt er zu.

Frau Behrens nickt. „Eigentlich müsste ich mit euch schimpfen", sagt sie. „Auf eigene Faust loszureiten! Ich hoffe, ihr wart wirklich nur auf dem Feldweg?"

Moritz und Conni nicken.

„Gut", seufzt Frau Behrens erleichtert. Sie legt die Arme um Moritz und Conni. „Vielen Dank, ihr zwei." Sie holt tief Luft. „Ihr habt beide gerettet, Karlina und das Fohlen."

Conni und Moritz strahlen.

Gemeinsam laufen sie zum Haus zurück.

„Wisst ihr was?", fällt Frau Behrens ein. „Das Fohlen braucht noch einen Namen. Und ich finde, ihr solltet euch einen ausdenken. Was meint ihr?"

„Au ja, das machen wir!", rufen Conni und Moritz sofort.

Zurück im Bett fallen Conni schon eine ganze Menge Namen ein. Sie weiß nur noch nicht, welcher der schönste ist!

Anna und Liska hatten auch noch eine Menge Lieblingsnamen. Wie würdest du denn das Fohlen nennen? Bestimmt fällt dir auch ein toller Name ein!

Textauszug aus dem Buch „Conni und das neue Fohlen" von Julia Boehme

PFERDEHALTUNG

Ich finde Offenställe toll. Da können die Pferde rein- und rausgehen, ganz wie sie wollen!

GUT UNTERGEBRACHT

Ein Stall bietet Pferden Schutz vor Hitze, Kälte und Regen. Dort haben sie auch immer einen trockenen Platz zum Schlafen. Der Stall sollte großzügig, hell und gut belüftet sein. Da sich Pferde von Natur aus viel bewegen, müssen sie täglich viele Stunden in einem Auslauf oder auf einer Weide umherlaufen können.

In den Einzelboxen sind die Pferde voneinander abgegrenzt. Im Offenstall leben sie mehr wie eine Herde zusammen.

Zu einem Offenstall gehören neben Weidezugang oder Paddock auch Futterplätze und Tränken mit frischem Wasser.

Manche Pferde und Ponys stehen nachts in Einzelboxen. Oder ein Pferd ist krank und kommt deshalb in eine Box. Am glücklichsten sind Pferde jedoch in der Regel, wenn sie mit ihren Artgenossen zusammen sind.

Eine Box muss geräumig sein, damit sich das Pferd darin wälzen oder hinlegen kann. Und es sollte andere Pferde hören, riechen und sehen können.

STERN

KARLINA

Wenn ich auf den Reiterhof fahre, nehme ich immer ein paar Möhren- und Apfelstückchen für die Ponys mit. Bevor ich füttere, frage ich natürlich erst!

GUTEN APPETIT!

Füttere niemals ungefragt fremde Pferde. Sie könnten von zu viel Futter eine Kolik bekommen und sehr krank werden. Manche Pferde leiden auch unter einer Allergie.

Pferde sind Pflanzenfresser, sie nehmen also nur pflanzliche Kost zu sich. Sie fressen vor allem Gras. Dazu bekommen sie Heu, Kraftfutter aus Getreide und als kleine Belohnung Möhren und Äpfel.

Halte dem Pferd beim Füttern stets die flache Hand hin. Dann wird es das Futter vorsichtig aufnehmen.

Pferde grasen langsam und zermahlen ihre Nahrung sorgfältig. In freier Wildbahn verbringen sie etwa 12 bis 16 Stunden täglich mit Futtersuche und Fressen.

Pferde werden nach dem Winter erst langsam an das Gras auf den Weiden gewöhnt. Das nennt man „Anweiden". Dabei dürfen sie unter Aufsicht kleine Portionen Gras fressen, die dann allmählich gesteigert werden.
Beim Pferdefutter unterscheiden wir verschiedene Futterarten. Zum Kraftfutter gehören zum Beispiel Gerste, Hafer, Futtermischungen aus verschiedenen Getreidesorten, Getreide- oder Kräuterpellets.
Zum Saftfutter zählt frisches Futter wie Gras, Silage, Äpfel und Möhren.
Raufutter sind Stroh und Heu.

Kraftfutter

Möhren

Getreidepellets

Stroh

Der Futterwagen ist mit verschiedenen Kraftfuttersorten gefüllt. Jedes Pferd bekommt seine individuelle Mischung.

VORSICHT! DIESE PFLANZEN SIND GIFTIG:

Maiglöckchen

Fingerhut

Eibe

Goldregen

Rhododendron

Liguster

Tollkirsche

Wassertränke

Frisches Wasser ist wichtig! Pferde trinken etwa 20 bis 70 Liter Wasser am Tag.

Der Salzleckstein ergänzt das Pferdefutter. Alle Menschen sowie die meisten Tiere brauchen Salz zum Leben.

Nicht jede pflanzliche Nahrung ist gut für Pferde. Manche Pflanzen sind auch giftig, daher können Pferde sehr krank werden oder sogar sterben, wenn sie davon fressen.

Der größte Teil der Pferdenahrung besteht aus Raufutter.

Als wir unseren großen Wanderritt gemacht haben, brauchten wir gar keinen Pferdetransporter, sondern sind direkt vom Hof aus losgeritten!

KOMM MIT!

Es kommt immer mal wieder vor, dass ein Pferd transportiert werden muss. Zum Beispiel wenn es krank oder verletzt ist und in die Tierklinik muss. Oder wenn du mit ihm zu einem Turnier fahren oder einen Ausritt etwas weiter weg machen möchtest. Transportiere das Pferd nur in einem stabilen Anhänger, dessen Boden und Rampe rutschfest sind. Es dürfen keine scharfen Ecken und Kanten hervorstehen. Lege deinem Pferd ein stabiles Stallhalfter mit Führstrick und Panikhaken an.
Eine gut befestigte Decke schützt vor Kälte und Zugluft. Transportgamaschen schützen die Beine.

Damit der Transport deines Pferdes klappt, solltest du das Verladen immer mal wieder in Ruhe mit dem Pferd üben.

Pferdeanhänger gibt es in unterschiedlichen Größen und Ausstattungen.

Wenn ich groß bin, möchte ich am liebsten Tierärztin werden!

BESUCH VOM TIERARZT

Regelmäßig kommt der Tierarzt, um nach deinem Pferd zu sehen. Es wird geimpft, vor allem gegen Tetanus und Influenza. Dein Pferd bekommt eine Wurmkur und auch die Zähne werden untersucht. Denn abstehende oder scharfe Kanten an den Zähnen können Pferde unangenehm stören oder sogar so schmerzhaft sein, dass sie kaum noch fressen mögen. In diesem Fall werden die Zähne vom Tierarzt durch Abschleifen auf die richtige Größe gebracht.

Manchmal wachsen dem Pferd direkt vor den Backenzähnen sogenannte Wolfszähne. Sie werden nicht gebraucht.

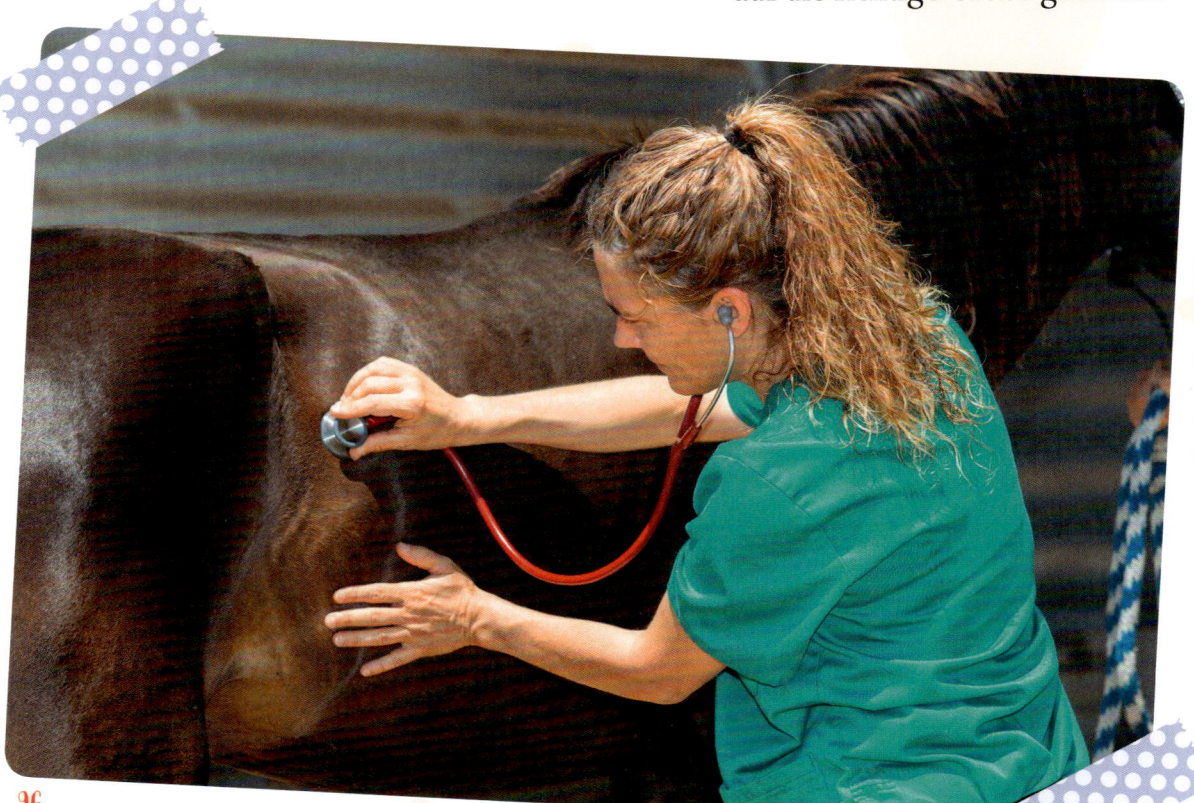

Mit einem Stethoskop hört die Tierärztin das Pferd ab. Sie prüft, ob alle Geräusche, die der Körper macht, normal klingen.

Verhält sich dein Pferd anders als sonst, verweigert es das Futter, schwitzt stark oder läuft unruhig auf und ab, solltest du den Tierarzt rufen. Er wird das Pferd genau untersuchen, um herauszufinden, was ihm fehlt.

Wenn Pferde etwas Falsches fressen oder sehr viel Stress haben, können sie eine Kolik bekommen. Diese kann lebensgefährlich sein, deshalb solltest du unbedingt den Tierarzt holen. Wenn ein Pferd sich wälzt, oft nach dem Bauch schaut oder schnappt, flehmt, sich immer wieder hinlegt oder mit den Hufen scharrt, kann das ein Anzeichen für eine Kolik sein.

Auch Hufrehe muss sofort tierärztlich behandelt werden. Hierbei handelt es sich um eine Entzündung in den Hufen. Pferde strecken die Beine dann weit nach vorne und haben Probleme, mit dem erkrankten Huf aufzutreten.

Koliken sind starke Bauchschmerzen. Sie zeigen, dass ein Pferd Probleme und Schmerzen im Magen oder Darm hat.

WERKZEUGE DES HUFSCHMIEDS:

Hufraspel

Zange

Hammer

Hufeisen

Hufnägel

WAS MACHT DER HUFSCHMIED?

Auch der Hufschmied schaut regelmäßig auf dem Reiterhof vorbei. Denn die Hufe der Pferde müssen regelmäßig geschnitten werden. Der Hufschmied beschlägt auch die Pferdehufe mit Hufeisen. Er überprüft sorgfältig, ob die Hufe eines Pferdes gesund sind und ob es ohne Schmerzen damit auftritt. Hufschmiede brauchen auch ein großes Fachwissen über Krankheiten, die ein Pferd bekommen kann.

Der Hufschmied kommt etwa alle 6 bis 8 Wochen.

Das Eisen wird im Feuer erhitzt.

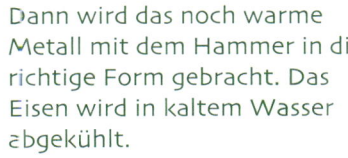

Dann wird das noch warme Metall mit dem Hammer in die richtige Form gebracht. Das Eisen wird in kaltem Wasser abgekühlt.

Mit Hufnägeln wird das Eisen am Huf befestigt

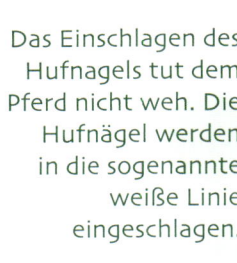

Das Einschlagen des Hufnagels tut dem Pferd nicht weh. Die Hufnägel werden in die sogenannte weiße Linie eingeschlagen.

SCHLAF SCHÖN!

Meistens dösen Pferde im Stehen. Aber ab und zu legen sie sich zum Schlafen auch hin. Dann hält meist ein Tier aus der Herde Wache. Es warnt die anderen sofort, wenn Gefahr droht. Pferde liegen gern auf einem weichen, sauberen Untergrund. Ideal sind Gras, Stroh und Sand.

Pferde schlafen immer mal wieder am Tag oder in der Nacht. Richtig tiefer Schlaf ist aber selten. Fohlen brauchen täglich etwas mehr Tiefschlaf als erwachsene Pferde. Im Tiefschlaf liegen Pferde auf dem Boden. Manchmal bewegen sie im Schlaf auch die Beine oder sie brummen leise.

DIE FELLFARBEN

Bei Pferden unterscheidet man verschiedene Fellfarben. Hier siehst du die geläufigsten. Welche Farben gefallen dir am besten?

Mit meinen blonden Haaren, bin ich da ein Palomino oder was?

Kater Mau mit neuer Fellfarbe!

Schimmel werden in allen Farben geboren. Im Laufe der Jahre wird ihr Fell immer heller. Das nennt man Ausschimmeln.

Brauner

Rappe

Schimmel

Fuchs

Schecke

Auch Schecken gibt es in allen Farben. So heißen alle Pferde, die neben ihrer eigentlichen Fellfarbe auch noch klar umgrenzte weiße Flächen oder weiße Flecken zeigen.

Tigerschecke

Falbe

Isabell/Palomino

Cremello

Liska meint, sie hätte am liebsten auch einen Stern auf der Stirn. Das wäre schon cool!

UNVERÄNDERLICH: ABZEICHEN

Abzeichen sind weiße Färbungen am Kopf oder an den Beinen. Sie sind angeboren und verändern sich auch nicht, wenn das Pferd älter wird. Nur bei Schimmeln sind die Abzeichen im Laufe der Zeit nicht mehr sichtbar. Neben anderen Merkmalen machen vor allem Abzeichen ein Pferd unverwechselbar. Sie werden in den Pferdepass eingetragen. Auch Fellwirbel sind darin vermerkt. Hat ein Pferd keine besonderen Abzeichen, steht in seinem Pass „ohne Abzeichen".

Abzeichen machen ein Pferd unverwechselbar.

ABZEICHEN AN DEN BEINEN:

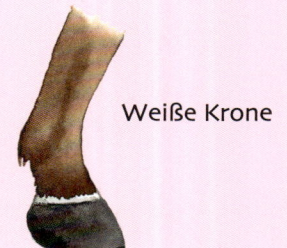

Weiße Krone

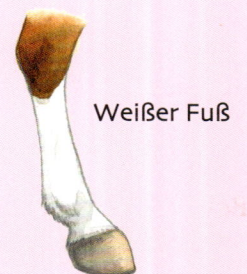

Weißer Fuß

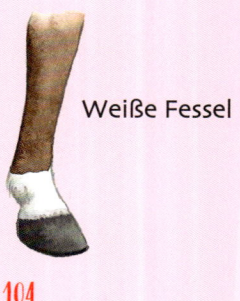

Weiße Fessel

ABZEICHEN UNTERSCHEIDEN SICH IN GRÖSSE UND FORM VONEINANDER:

Flocke

Stern

Blesse

Laterne

Flämmchen

Krötenmaul

Breite Blesse

Mehlmaul

Schnippe

Es gibt noch mehr unveränderliche Merkmale. Bei manchen Pferden verläuft auf dem Rücken eine dünne schwarze Linie, die sich von der übrigen Fellfarbe unterscheidet. Diese nennt man Aalstrich. Fjordpferde haben beispielsweise einen Aalstrich. Auch andere Tierarten können Aalstriche haben, zum Beispiel Zebras, Ziegen und Esel.

WELCHER TYP BIST DU?

Wenn du ein Pferd wärst, was für ein Pferdetyp wärst du?

Pferde und Ponys werden in verschiedene Typen unterteilt, die sich in Körperbau, Charakter und anderen besonderen Eigenschaften unterscheiden.

KALTBLUT Kaltblutpferde sind kräftig, gedrungen und sehr stark. Deshalb werden sie oftmals als Arbeitspferde eingesetzt. Zum Beispiel ziehen sie Baumstämme durch den Wald, schwere Planwagen oder einen Pflug über das Feld. Meist haben sie ein geduldiges, ausgeglichenes Wesen. Das Shire Horse, das Schleswiger Kaltblut und der Noriker gehören zu den Kaltblütern.

VOLLBLUT Vollblutpferde, wie das Englische Vollblut oder Vollblutaraber, sind besonders schnelle Pferde. Oft laufen sie bei Trab- oder Galopprennen mit. Sie werden auch gern als Zuchtpferde eingesetzt.

WARMBLUT Viele Reitpferde sind Warmblüter. Sie sind bei Freizeitreitern und Profis beliebt und kommen in der Dressur, beim Springen, in der Vielseitigkeit und als Kutschpferde zum Einsatz.

PONYS sind kleine Pferde, deren Stockmaß nicht höher als 148 cm ist. Häufig sind sie sehr robust und durchsetzungsstark.

Ich glaube, ich wäre ein Pony. Und du?

Connis Mini-Quiz

Worauf beziehen sich die Bezeichnungen Kaltblut, Warmblut und Vollblut?

a) Auf die Körpertemperatur eines Pferdes
b) Auf das Temperament eines Pferdes

Lösung auf Seite 124.

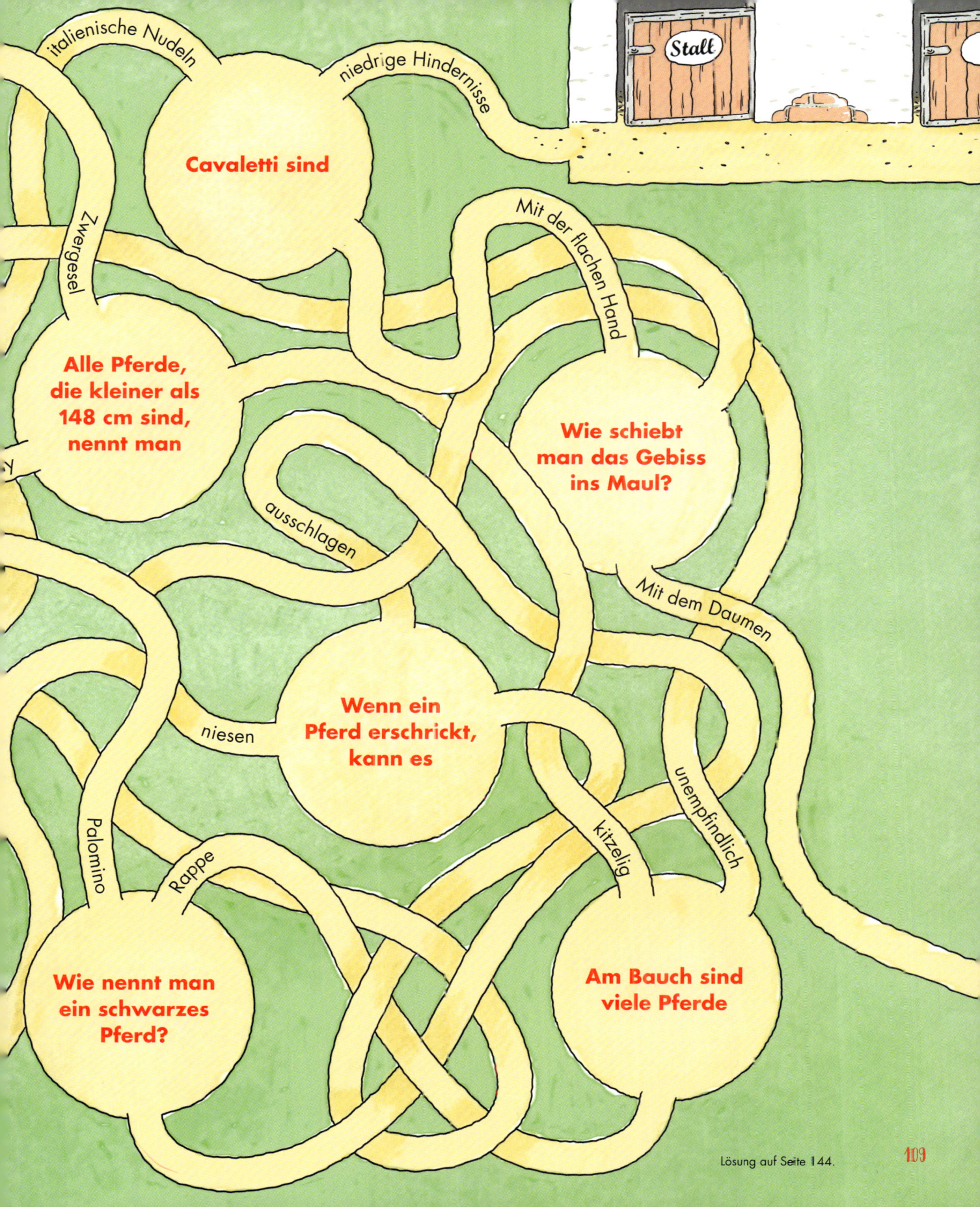

PFERDERASSEN

Vor etwa 6000 Jahren begannen Menschen, wilde Pferde zu zähmen. Je nachdem, wo Pferde und Menschen lebten und wofür die Pferde gebraucht wurden, entstanden unterschiedliche Pferderassen. War die Umgebung warm oder kalt? Sollten die Pferde schwere Lasten ziehen oder geritten werden? Im Laufe der Zeit wurden die Pferderassen mit ihren speziellen Charaktereigenschaften und Körpermerkmalen gezüchtet.

Andalusier sind temperamentvolle Reitpferde aus Spanien. Bei dieser Pferderasse gibt es häufig Schimmel.

Appaloosa werden hauptsächlich in den USA gezüchtet. Sie sind beliebte Westernpferde.

Das Connemara-Pony stammt aus dem Westen Irlands. Es ist robust, vielseitig und zuverlässig. Connemara-Ponys werden zum Reiten, Fahren, Springen sowie als Therapiepferde eingesetzt.

Englische Vollblüter werden seit Jahrhunderten gezüchtet. Sie sind temperamentvoll und schnell.

Falabellas sind die kleinsten Pferde der Welt. Sie erreichen ein Stockmaß von maximal 86 cm. Manchmal werden sie dazu ausgebildet, Blinde zu führen.

Das Fjordpferd ist an seiner schwarz-weißen Stehmähne gut zu erkennen. Es stammt aus Norwegen.

Friesen kommen aus den Niederlanden. Die Rappen sind geschätzte Reit- und Kutschpferde.

In ihrer Heimat Island dürfen viele Islandpferde den Sommer über frei in den Bergen leben. Im Herbst werden sie zurück in die Täler getrieben.

Hannoveraner sind sehr vielseitig. Sie werden in vielen Bereichen des Reitsports eingesetzt.

Haflinger kommen ursprünglich aus Südtirol. Die gutmütigen Gebirgspferde sind bei Kindern und Erwachsenen beliebt.

Bei den Lipizzanern kommen vor allem Schimmel vor. In der Spanischen Hofreitschule werden nur Lipizzaner geritten.

Die in Nordamerika frei lebenden Mustangs sind keine echten Wildpferde, sondern verwilderte Hauspferde.

In einem Nationalpark in Südengland leben robuste New-Forest-Ponys, die dort frei umherstreifen.

Die Oldenburger Pferde sind unter anderem als erfolgreiche Sportpferde bekannt.

Die einzige Wildpferde-Unterart, die es heute noch gibt, ist das Przewalski-Pferd.

Pferde der Rasse American Quarter Horse gelten als freundlich, sensibel und nervenstark.

Shetlandponys sind sehr klug und stark. Sie kommen von der gleichnamigen schottischen Insel.

Das mächtige Shire Horse ist die größte Pferderasse der Welt. Es erreicht im Schnitt ein Stockmaß von 1,78 cm.

Die irischen Tinker waren ursprünglich Zug- und Arbeitspferde. Heute sind sie auch beliebte Reitpferde.

Die Trakehner sind eine der ältesten Pferderassen Deutschlands. Du kannst sie an ihrem Brandzeichen, der Elchschaufel, erkennen.

Vollblut-Araber sind besonders edle feurige Pferde, die seit langem gezüchtet werden.

Heute gibt es etwa 200 Pferderassen auf der Welt.

Und von wem stammen wir ab? Opa meint, von den Affen.

DIE AHNEN DER HAUSPFERDE

Alle Pferderassen haben sich vor etwa 50 Millionen Jahren aus dem Urpferd entwickelt, dem Eohippus. Sein Name bedeutet übersetzt „Pferd der Morgenröte". Es war etwa so groß wie ein Fuchs und lebte in den dichten Wäldern, die damals den größten Teil der Erde bedeckten. Im Laufe vieler Jahrtausende veränderte sich das Klima. Es entstanden weite Steppen mit anderem Pflanzenbewuchs. Das Pferd passte sich an die neuen Bedingungen an und wurde vom Wald- zum Steppentier, das nach und nach auf langen Beinen weite Strecken galoppieren konnte.

Der Kiang, ein Wildesel, lebt in Tibet.

Zu den Verwandten der Pferde gehören: Afrikanischer Esel, Asiatischer Esel, Steppenzebra, Bergzebra, Grevyzebra und Kiang.

Ebenso wie Pferde sind auch Steppenzebras sehr gesellig. Das Steppenzebra ist die häufigste Zebraart. Sie kommt in großen Teilen Afrikas vor.

Lesespaß mit: „Conni und das Ponyabenteuer"

von Julia Boehme

Was bisher geschah ...
Neulich haben wir eine Reitertour gemacht. Herr Behrens ist mit dem Planwagen gefahren, um die Zelte und unser Gepäck mitzunehmen. Und wir sind geritten. Jede Nacht haben wir woanders geschlafen. Das war toll! Nur die Sache mit dem Zug war eine echte Katastrophe! Da hat sich selbst Kutschpferd Balthasar erschrocken, obwohl ihn sonst nichts aus der Ruhe bringt.

Eine echte Katastrophe

Erst geht es weiter durch die Heide. Immer wieder liegen große Findlinge zwischen den Wacholderbäumen. Dann reiten sie an kleinen Dörfern vorbei. Nicht weit von ihnen verläuft die Landstraße und dazwischen liegt eine kleine Bahnstrecke.

„Falls ein Zug kommt, bleibt ihr stehen und redet euren Pferden gut zu, damit sie sich nicht erschrecken", mahnt Frau Behrens.

Conni überlegt, ob da überhaupt noch eine Bahn fährt. Hohe Gräser wachsen rechts und links neben den Gleisen. Wenn da ein Zug fährt, dann nur selten, denkt sie.

Doch keine fünf Minuten später kommt die Bahn.

„Alle anhalten!", ruft Frau Behrens.

Sie wenden die Tiere so, dass sie die Bahnstrecke sehen können, damit der Zug die Pferde nicht zu sehr überrascht. Conni weiß, wieso: Pferd flüchten bei Gefahr, und wenn man sie erschreckt, rasen sie wie wild davon. Nichts ist schlimmer für sie als plötzlicher, unerwarteter Krach.

Als der Zug sich nähert, tänzelt Max unruhig hin und her. Doch Josefina bewahrt die Ruhe. Selbst als der Zug an ihnen vorbeidonnert.

„Brav", lobt Conni und tätschelt ihren Hals.

Auch Herr Behrens vor ihnen hat angehalten. Und Balthasar steht brav still. Doch dann, ausgerechnet, als der Zug an dem Gespann vorbeisaust, hupt er plötzlich. Und zwar so laut und dröhnend und überraschend, dass selbst Conni zusammenzuckt.

Noch schlimmer aber erschrecken sich die Pferde. Max stürmt auf einmal los.

„Nein, stopp! Haaaalt!", brüllt Moritz.

Aber Max rast einfach weiter.

Bianca, die mit dem Führstrick angebunden ist, bäumt sich wild auf, so dass sich Celina kaum halten kann.

Und selbst Balthasar, der als Kutschpferd einiges gewohnt ist, springt los. Aber welches Pferd hätte sich da nicht erschrocken? Der Zug hat genau neben ihm gehupt! Und wie!

Herr Behrens reagiert blitzschnell und zieht entschlossen am Zügel. Zu spät: Der Planwagen wird durch die jähe Bewegung zur Seite gerissen und kippt krachend in den Graben.

Conni schlägt die Hände vors Gesicht. „Oh nein!"

„Sven!", ruft Frau Behrens entsetzt.

Doch zuerst muss sie Celina helfen. Sie packt Bianca am Halfter und langsam beruhigt sich die Stute wieder.

Conni löst sie ab. „Ich mach das schon!"

„Danke!" Frau Behrens stürzt zu ihrem Mann.

Conni hält nach Moritz Ausschau. Max hat sein Tempo gedrosselt. Moritz reitet einen Bogen und kommt nun im Trab zu ihnen zurück.

Conni hilft Celina beim Absteigen und spricht Bianca gut zu. Langsam kommen sie Frau Behrens hinterher.

Die beugt sich zum umgestürzten Planwagen hinüber.

„Ist dir etwas passiert?", fragt sie ihren Mann atemlos.

Der sitzt zusammengesunken auf dem schiefen Kutschbock. Seine Schläfe ist blutig. Conni wagt kaum hinzugucken.

„Sven!", ruft Frau Behrens.

Herr Behrens öffnet die Augen. Unwillkürlich fasst er an seine Wunde und bemerkt das Blut.

„Keine Angst", sagt er mit fester Stimme. „Es ist alles in Ordnung!"

Dann klettert er langsam und vorsichtig vom Wagen hinunter.

Frau Behrens nimmt ihn in den Arm.

„Du blutest", sagt sie.

„Nur eine kleine Schramme", meint er. „Mir geht's gut, mach dir keine Sorgen."

Balthasar steht am Wegrand, als ob nichts passiert wäre. Herr Behrens streicht ihm beruhigend über das Fell und kontrolliert dabei Pferd und Geschirr.

„Nichts passiert", sagt er und lächelt.

„Na, Gott sei Dank!" Frau Behrens atmet erleichtert auf.

Ihr Mann schaut währenddessen nach dem Wagen. „Das sieht allerdings nicht gut aus", meint er.

Auch Conni sieht das schief hängende Wagenrad. Da muss irgendwas gebrochen sein.

„Bindet eure Tiere dort drüben ans Gatter", bittet Herr Behrens sie. „Und dann versuchen wir gemeinsam, den Karren aus dem Graben zu ziehen."

Conni holt die Stricke aus den Satteltaschen und bindet zunächst Josefina und dann Bianca an. Anna hilft ihr dabei.

„So, seid ihr bereit?", fragt Herr Behrens. „Dann los!"

Er versucht mit den Jungs, den Planwagen von hinten zu schieben. Die Mädchen ziehen vorne und an den Seiten, während Frau Behrens Balthasar antreibt.

Conni zerrt aus Leibeskräften und muss dabei aufpassen, nicht selbst in den Graben zu rutschen. Und da will sie nicht gerade reinfallen. Das Wasser sieht schwarz und moorig aus.

„Zu-gleich!", ruft Herr Behrens.

Aber sosehr sie sich auch bemühen, der Wagen rührt sich kaum.

„Los, jetzt noch mal!" Jeder gibt sein Bestes. Und auch Balthasar legt sich ins Zeug. Aber der Planwagen lässt sich nur ein paar Zentimeter weit bewegen, dann hängt er fest.

„Der hat sich ganz schön verkeilt", schimpft Herr Behrens und prüft, ob sie es nicht irgendwie anders schaffen können.

Doch wie sie es auch versuchen, es klappt einfach nicht.

Frau Behrens schaut auf die Landkarte. „Es ist gar nicht mehr so weit bis zu unserem nächsten Hof. Vielleicht können die Leute dort helfen?"

Nach einem kurzen Anruf ist alles geklärt.

„Sie kommen mit dem Trecker", berichtet Frau Behrens. „Und wollen gleich losfahren!"

Herr Behrens spannt Balthasar aus. Dann heißt es warten. Zu allem Überfluss fängt es – aus heiterem Himmel – auch noch an zu regnen.

„Zieht eure Regencapes über", meint Frau Behrens. „Der Traktor kommt bestimmt gleich."

Doch es dauert fast eine Stunde, bis der endlich auftaucht. Es ist ein Riesengefährt. Die Hinterräder sind größer als Conni.

Mit so einem Traktor ist alles ein Kinderspiel. Kaum hat Bauer Görecke den Planwagen mit einer Kette an seinen Traktor gebunden, zieht er ihn mir nichts, dir nichts aus dem Graben.

Als er schließlich auf dem Weg steht, sieht man, was passiert ist.

„Wie ich mir's gedacht habe." Herr Behrens seufzt. „Die Achse ist gebrochen!"

So bleibt gar nichts anderes übrig: Der Traktor muss den Wagen abschleppen. Herr Behrens reitet auf Balthasar weiter – ohne Sattel, versteht sich. Inzwischen hat es sich richtig eingeregnet und der Himmel hängt voller dunkler Wolken.

Trotz Regencape ist Conni völlig aufgeweicht, als sie endlich den Hof erreichen.

Und jetzt müssen sie auch noch im Regen das Zelt aufbauen.

„Irgendwie ist das heute nicht unser Tag", brummelt Liska.

„Das kann man wohl sagen", nickt Conni und streicht sich die nassen Haare aus der Stirn.

Als die Zelte stehen, dürfen sie sich im Bauernhaus aufwärmen.

Frau Görecke, die Frau des Bauern, kocht ihnen heißen Kakao und spendiert Kekse dazu.

Herr Behrens und Herr Görecke schauen sich währenddessen in der Scheune die kaputte Achse noch einmal genauer an. Aber schon bald ist klar, dass die nicht so schnell zu reparieren ist.

„Alleine kriegen wir das nicht hin", erklärt Herr Behrens den Kindern später. „Und die Werkstätten haben jetzt übers lange Wochenende zu."

„Und was heißt das?", fragt Conni erschrocken.

„Das heißt", Herr Behrens holt tief Luft, bevor er weiterspricht, „dass wir unsere Tour abbrechen müssen. Ohne den Wagen geht es einfach nicht."

„Was?" Die Kinder gucken sich entsetzt an.

Herr Behrens hebt die Arme. „Da kann man nichts machen. Allein schon wegen der Zelte. Wie sollen wir die denn sonst transportieren?"

Conni schluckt. Das darf doch nicht wahr sein! Ihre Tour soll jetzt schon zu Ende sein?

„Och nee", murmelt Lars.

Und Anna wischt sich eine kleine Träne unter ihrer Brille weg.

„Wir machen uns dann halt zwei schöne Tage auf dem Ponyhof", versucht Frau Behrens sie zu trösten.

Aber das ist nicht dasselbe!

Da hilft es auch nicht, dass Frau Görecke sie alle zum Abendessen einlädt.

„Mit dem Grillen draußen wird das ja wohl nichts", sagt sie und kocht für alle Spaghetti.

Es hätten ebenso gut Schnürsenkel sein können, Conni bekommt vor lauter Enttäuschung kaum etwas hinunter.

Wenig später liegen sie in ihren Schlafsäcken. Der Regen prasselt aufs Zelt.

Alles ist ein wenig feucht – und doch gemütlich.

„Ich will noch nicht zurück", sagt Conni.

„Wer will das schon?", seufzt Liska.

„Mir würde nicht mal der Regen was ausmachen", meint Anna.

„Mir auch nicht!", rufen Conni und Celina wie aus einem Mund.

Für einen Moment sind sie ganz still. Nur der Regen ist zu hören.

„Liest du noch was vor?", fragt Liska schließlich.

„Klar", sagt Celina und schlägt ihr Buch auf.

Doch Conni hört gar nicht richtig zu. Sie muss immer nur an das eine denken: dass sie morgen ihre Tour abbrechen! Schöner Mist!

Wir sind dann doch weitergeritten. Unser Gepäck kam in die Satteltaschen. Aber jeder durfte nur ganz wenig mitnehmen, damit die nicht zu schwer wurden. Statt in unseren Zelten haben wir in der Scheune geschlafen. Das hat mir fast noch besser gefallen! Und dann wurde es noch einmal richtig spannend.

Textauszug aus dem Buch „Conni und das Ponyabenteuer" von Julia Boehme

SPASS
MIT PFERDEN

DAS GLÜCK DER ERDE ...

Viele Reiter finden es wunderbar, durch Wälder oder Wiesen und Felder zu reiten. Doch wer im Gelände unterwegs ist, muss sicher im Sattel sitzen und mit seinem Pferd ein gutes Team bilden. Denn im Gegensatz zur Reithalle oder zum Reitplatz gibt es im Gelände jede Menge Dinge, die plötzlich passieren können. Ein Hund oder ein Reh kann euren Weg kreuzen. Oder das Knattern eines Motorrads oder eines Traktors könnte dein Pferd erschrecken. Dann ist es wichtig, schnell zu reagieren und dein Pferd zu beruhigen.

Es ist immer sicherer, mit anderen Reitern ins Gelände zu gehen. Das ist auf vielen Reiterhöfen möglich. Teilweise werden geführte Ausritte angeboten, bei denen jemand dein Pferd am Führstrick hält und mitgeht. Oder du machst Ausritte, die von erfahrenen Reitern begleitet werden.

Wellen, weicher Sand und salzige Meeresbrise: Ein Ausritt am Strand ist etwas Besonderes.

Wie beim Training wärmst du auch im Gelände dein Pferd immer zuerst 10 bis 20 Minuten lang im Schritt auf, bevor du schnellere Gangarten einschlägst. Achte darauf, wie der Boden beschaffen ist, wenn du traben oder galoppieren möchtest. Er sollte nicht zu weich und nicht zu hart sein und keine großen Unebenheiten aufweisen. Bleib während des Ausrittes auf ausgewiesenen Reitwegen. Und denk daran: Auch auf dem Pferd musst du dich an die Straßenverkehrsregeln halten.

So einen Wanderritt wie neulich, als wir gleich ein paar Tage unterwegs waren, will ich unbedingt noch mal machen!

MIT DEM PFERD UNTERWEGS

Besonders aufregend ist ein Urlaub mit Pferden! Es ist wunderbar, ganze Tage mit den Tieren zu verbringen und lange Ausritte zu unternehmen. Oder auch mal Dinge auszuprobieren, die sonst kaum möglich sind, wie beispielsweise mit dem Pferd baden zu gehen.

Bevor es losgeht, ist es wichtig, noch einmal die Ausrüstung genau zu überprüfen: Funktioniert alles? Ist jeder Riemen heil? Hast du alles dabei, was du brauchst? Wenn du dein Gepäck auf dem Pferd mitführst, sollte selbstverständlich nur so viel eingepackt werden, wie dein Pferd gut über weite Strecken tragen kann. Und natürlich muss dein Pferd gesund und fit sein. Möchtest du längere Strecken reiten, musst du das vorher mit dem Pferd trainieren. Dann kann euer Abenteuer beginnen!

Ein ausgiebiger gemeinsamer Spaziergang macht Spaß!

EINE NACHT IM PFERDESTALL

In einer Scheune hab ich schon geschlafen. Aber im Pferdestall noch nie. Das muss ich unbedingt mal ausprobieren!

Eine Nacht im Pferdestall zu verbringen ist etwas ganz Besonderes. Such dir mit deinen Freunden einen gemütlichen Schlafplatz, bevor es dunkel wird. Zum Beispiel die Sattelkammer, eine ruhige Ecke der Stallgasse oder eine leere Box. Breitet Stroh aus und legt die Schlafsäcke darüber. Vielleicht nehmt ihr auch Proviant für ein Mitternachtspicknick mit?

Schon bald ist entspanntes Schnauben zu hören, vielleicht ein leises Wiehern hier und da und natürlich das Rascheln von Stroh. Es macht Spaß, sich gemütlich einzukuscheln und den Pferden zuzuhören und zu beobachten, wie sie allmählich zur Ruhe kommen.

Auch eine Sommernacht am Rand der Pferdeweide zu verbringen kann wunderschön sein.

Ob Pony oder Mensch: mit Freunden hat man viel mehr Spaß!

SCHÖN VERSPIELT!

Nicht nur Menschen spielen gern. Pferde auch! Fohlen lieben es, gemeinsam herumzutollen. Und ob jung oder alt: Jedes Pferd tobt gern mal ausgelassen über die Weide oder liefert sich mit anderen Pferden ein Wettrennen.

Wohin mit all der Energie?

Wer ist schneller?

Pferde sind von Natur aus neugierig und entdeckungsfreudig. Mit etwas Geduld kannst du deinem Pferd Tricks und Kunststücke beibringen, an denen ihr beide Freude habt. Zum Beispiel Fußball spielen oder das Pferd auf bestimmte versteckte Kommandos hin nicken oder mit den Hufen scharren lassen.

Zirkuspferd Amadeus liebt es zu tanzen!

Auch Pferde mögen Ballspiele.

SEEPFERDCHEN

Einige Pferde mögen Wasser und baden gern. Andere dagegen machen einen Riesenbogen um jede Pfütze. Wasserscheue Pferde werden am besten behutsam mit dem fremden Element vertraut gemacht. Gewöhne das Pferd zunächst daran, seine Hufe in flache Wasserlachen zu setzen. Schritt für Schritt steigerst du dann die Herausforderungen.

Zwinge dein Pferd jedoch dabei nicht, sondern bleib geduldig, auch wenn es mal Rückschläge gibt. Und am Ende gefällt es deinem Pferd vielleicht sogar, mit dir im Fluss oder im See baden zu gehen.

Geh mit deinem Pferd nur an geeigneten oder ausgewiesenen Badestellen ins Wasser. Dieses Pferd hat richtig Spaß beim Planschen!

Dieser Haflinger schwimmt sogar im tiefen Wasser.

An heißen Tagen ist vielen Pferden eine Abkühlung mit dem Wasserschlauch sehr willkommen. Beginne damit, vorsichtig Hufe und Beine abzuspritzen, und arbeite dich dann langsam nach oben, damit sich dein Pferd an das kühle Wasser gewöhnt.

CONNIS GROSSES PFERDEQUIZ

Trage die Buchstaben der richtigen Antworten unten in die Felder ein und du erfährst das Lösungswort.

1. Pferde und Ponys sind …
   F) Einzelgänger.
   J) Herdentiere.

2. Das Eohippus war etwa so groß wie …
   O) ein Fuchs.
   L) ein Elefant.

3. Ein Rappe ist ein …
   E) weißes Pferd.
   S) schwarzes Pferd.

4. Der sanfte Druck der Schenkel …
   E) ist eine der Hilfen, um sich mit dem Pferd zu verständigen.
   C) nützt gar nichts.

5. Direkt hinter sich kann ein Pferd …
   F) nichts sehen.
   K) alles erkennen.

6. Wie oft kommt der Hufschmied?
   A) Einmal im Jahr.
   I) Alle 6 bis 8 Wochen.

7. Was ist die größte Pferderasse der Welt?
   N) Shire Horse.
   R) Holsteiner.

8. Was ist Polo?
   A) Eine sehr alte Pferdesportart, die mit Schlägern und einem Ball gespielt wird.
   N) Eine polnische Pferderasse.

Lösung:

— — — — — — — —

Puh, ganz schön kniffelig. Aber ich wette, du kriegst das hin! Wenn du das Rätsel löst, weißt du, auf welchem Pferd ich mein Reitabzeichen gemacht habe.

Lösung auf Seite 144.

Lesespaß mit: „Conni und das Ponyabenteuer"

von Julia Boehme

Was bisher geschah ...

Bei unserem Wanderritt sind wir auch mit den Ponys schwimmen gegangen. Die meisten Ponys waren wirklich echte Seepferdchen. Nur meine Josefina nicht. Die ist total wasserscheu!

Wer ist hier wasserscheu?

Der Bauernhof, auf dem sie übernachten, ist zum Glück ganz nah. Während Herr Behrens Balthasar ausspannt, satteln die Kinder ihre Ponys ab. Denn gebadet wird ohne Sattel.

Die Mädchen ziehen sich im Haus die Badesachen an. Und statt der langen Hosen, für die es eigentlich viel zu heiß ist, tragen sie jetzt Shorts.

Die Handtücher werden in Rucksäcken verstaut und dann geht es los.

Gemeinsam reiten sie zum See zurück, ziehen Shorts und T-Shirt aus, um dann in Badesachen ins Wasser zu reiten. Lars ist als Erster fertig. Schon steigt er auf und reitet zum Ufer. Nero prescht ins Wasser, dass es nur so spritzt.

„Los, Moritz, komm!", ruft Lars. „Das ist so cool!"

„Warte mal", ruft Moritz zurück.

Er läuft zu Frau Behrens, die gerade Celinas Pony ans Ufer führt.

„Soll ich mit Celina ins Wasser gehen?", fragt er.

„Lass mal, das mache ich schon", meint Frau Behrens. „Gönn deinem Max ruhig auch eine kleine Abkühlung."

„Okay", sagt Moritz gedehnt.

„Aber vielen Dank fürs Angebot", ruft Celina ihm hinterher.

Moritz dreht sich um. „Bitte, bitte", sagt er. „Du weißt ja, wenn du mich brauchst, musst du nur was sagen."

„Mach ich", verspricht Celina.

„Kaum zu glauben." Conni grinst. „Wisst ihr noch, beim Voltigierkurs?"

„Ja, da war Moritz richtig fies zu Celina", fällt Liska ein.

„Am Schluss haben sie sich doch vertragen", meint Anna.

„Trotzdem", sagt Conni. „Er ist gar nicht mehr wiederzuerkennen."

„Zum Glück", meint Liska. „Der Moritz hier ist mir nämlich tausendmal lieber als der alte!"

Nachdenklich schaut Conni ihm hinterher, wie er mit Max zum See reitet. Amadeus ist wie immer an seiner Seite.

Während Amadeus munter ins Wasser trabt, bleibt Max erst einmal stehen. Moritz redet ihm gut zu. Doch erst als sich Amadeus zu seinem Freund umdreht und wiehert, setzt sich Max in Bewegung, wenn auch vorsichtig und zögernd.

„Worauf wartet ihr denn?" Liska sitzt ungeduldig auf ihrem Pony, während Conni und Anna endlich aufsteigen.

Ist das komisch! Ohne Sattel ist Conni schon geritten. Aber im Badeanzug noch nie.

„Los!" Die drei Mädchen traben zum See. Während Kasper und Stern munter ins Wasser laufen, bleibt Josefina am Ufer abrupt stehen. Genau wie Max vorhin. Conni schaut zu Moritz' Fuchs hinüber, der zusammen mit Amadeus und Nero inzwischen ausgelassen durchs Wasser trabt. Und das wird Josefina auch gleich tun, da ist sich Conni sicher.

„Und Schritt!", ruft sie fröhlich.

Doch Josefina rührt sich nicht.

„Na, mach schon!" Conni versucht, ihr Pony anzutreiben. Doch Josefina reagiert einfach nicht.

„Baden macht Spaß", erklärt Conni. „Schau dir nur die anderen Ponys an!"

Aber Josefina scheint das anders zu sehen. Egal wie sehr Conni auch drängt und bettelt. Keinen Huf setzt sie ins Wasser.

„Ach bitte, Josefina!" Conni versucht erneut anzureiten. Und diesmal setzt sich Josefina in Bewegung. Allerdings nicht ganz so, wie Conni es möchte: Ihr Pony dreht sich einfach um und trabt entschlossen auf die Wiese zurück.

„Guckt euch das an, da ist jemand wasserscheu!" Lars lacht sich scheckig.

Conni findet das gar nicht lustig. Sie hat sich so aufs Baden gefreut. Baden mit den Ponys, versteht sich.

„Binde Josefina an und komm her!", ruft ihr Frau Behrens zu. Sie führt immer noch Celinas Pony durchs flache Uferwasser. Und das ist sowohl Celina als auch Bianca zu langweilig.

„Ihr könntet doch zusammen reiten", meint sie.

Das lässt sich Conni nicht zweimal sagen. Sie läuft zu ihnen in den See, steigt vor Celina auf und nimmt die Zügel.

„Halt dich gut fest!", ruft sie Celina zu.

„Klar doch!" Celina schlingt die Arme um Conni und dann geht es los. Denn kaum hat Frau Behrens die Trense losgelassen, ist Bianca kaum noch zu halten. Übermütig trabt sie durchs Wasser und schnaubt vor Vergnügen.

Conni und Celina fallen fast vom Pferd vor Lachen. „Ist das toll!", glucksen sie.

Und auf einmal ist Conni doch ganz froh, dass Josefina so wasserscheu ist. Denn zusammen mit Celina macht das Ganze gleich noch mehr Spaß!

„Seit wann ist Moritz denn so nett zu dir?", fragt Conni neugierig.

„Seit einer Weile schon", erzählt Celina. „Wenn ich zum Voltigieren gehe, treffe ich ihn meistens auf dem Hof. Na ja, und irgendwie verstehen wir uns. Obwohl er mir immer helfen will, selbst wenn ich das gar nicht brauche." Sie lacht.

Conni nickt. Celina kommt prima alleine klar. Nur im Gelände reiten kann sie nicht allein.

„Alle rauskommen und die Ponys trocken reiten", ruft Frau Behrens schließlich.

„Dürfen wir noch mal alleine baden?", fragt Lars.

Die Behrens haben nichts dagegen.

Sobald die Pferde trocken sind, wird daher noch mal ohne Ponys gebadet. Conni, Celina, Liska und Anna nehmen sich bei den Händen und laufen in den See. Lars und Moritz, die eben noch vor ihnen waren, sind auf einmal nicht mehr zu sehen.

„Wo sind die denn?" Conni schaut sich um.

In dem Moment tauchen die Jungs plötzlich prustend vor ihnen aus dem Wasser auf. „WAAAAH!", rufen sie.

Anna kreischt erschrocken auf.

Liska aber platscht mit den flachen Händen aufs Wasser, dass die Jungs eine kräftige Dusche abbekommen. Das lassen die sich natürlich nicht bieten. Und schon ist die tollste Wasserschlacht im Gange.

„Aufhören!", japst Lars schließlich. „Vier gegen zwei! Ich geb auf!"

Er legt sich stocksteif aufs Wasser und lässt sich treiben.

Im nächsten Moment schwimmen alle auf dem Rücken.

Conni blinzelt in die Sonne. Dieser Tag sollte am besten nie zu Ende gehen!

Textauszug aus dem Buch
„Conni und das Ponyabenteuer"
von Julia Boehme

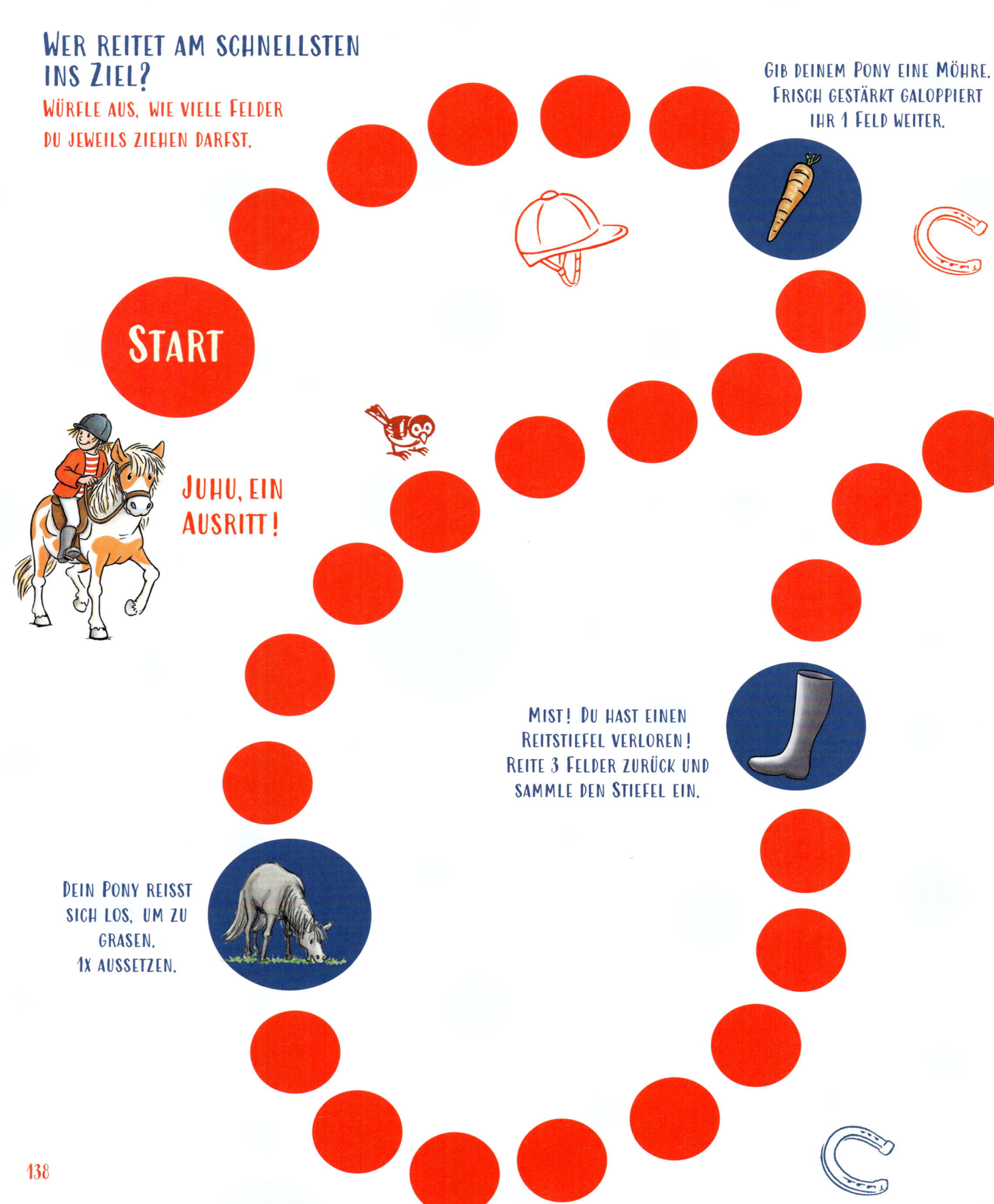

WER REITET AM SCHNELLSTEN INS ZIEL?

WÜRFLE AUS, WIE VIELE FELDER DU JEWEILS ZIEHEN DARFST.

GIB DEINEM PONY EINE MÖHRE. FRISCH GESTÄRKT GALOPPIERT IHR 1 FELD WEITER.

START

JUHU, EIN AUSRITT!

MIST! DU HAST EINEN REITSTIEFEL VERLOREN! REITE 3 FELDER ZURÜCK UND SAMMLE DEN STIEFEL EIN.

DEIN PONY REISST SICH LOS, UM ZU GRASEN. 1X AUSSETZEN.

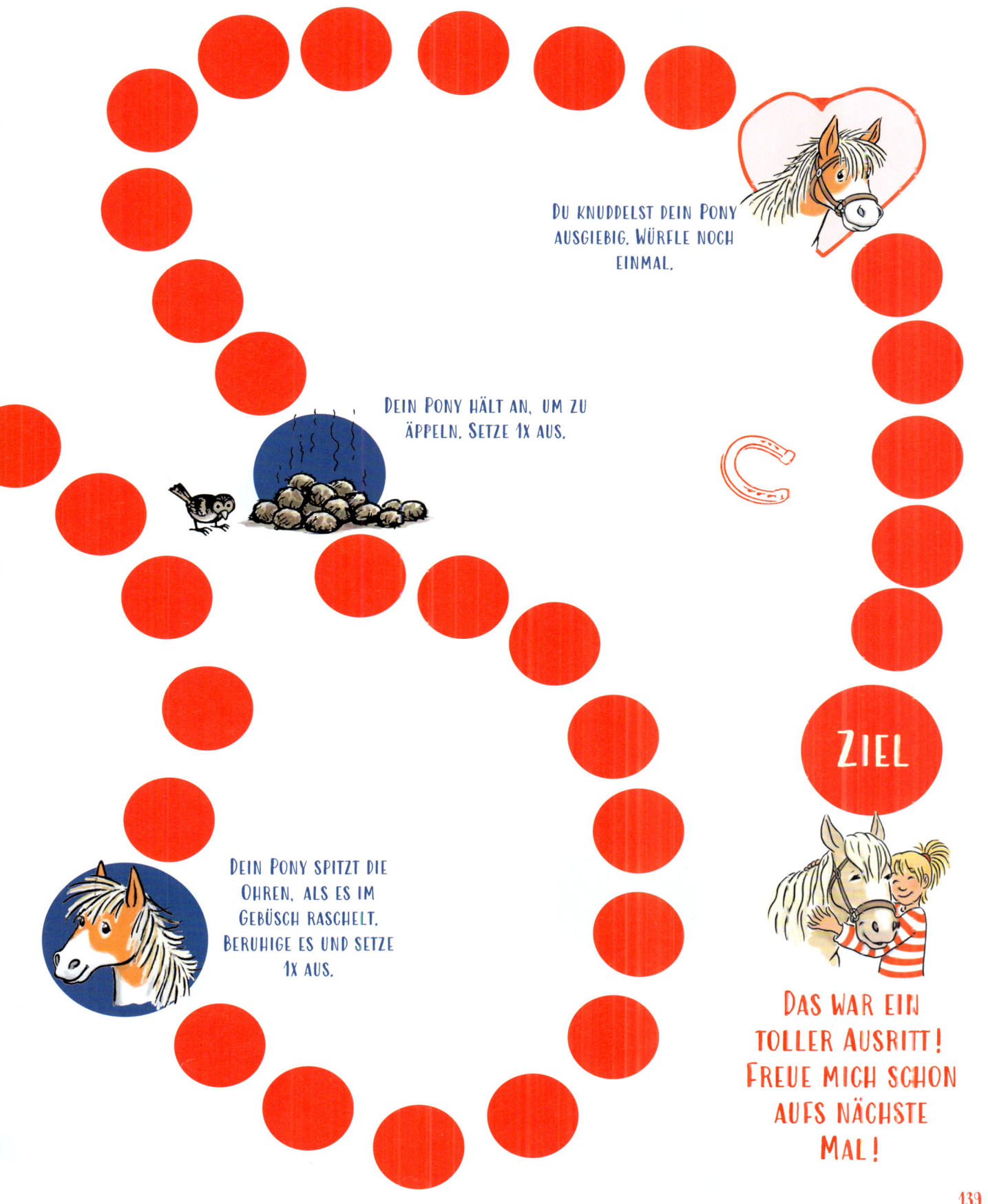

DU KNUDDELST DEIN PONY AUSGIEBIG. WÜRFLE NOCH EINMAL.

DEIN PONY HÄLT AN, UM ZU ÄPPELN. SETZE 1X AUS.

DEIN PONY SPITZT DIE OHREN, ALS ES IM GEBÜSCH RASCHELT. BERUHIGE ES UND SETZE 1X AUS.

ZIEL

DAS WAR EIN TOLLER AUSRITT! FREUE MICH SCHON AUFS NÄCHSTE MAL!

CONNIS PFERDE-LEXIKON

Hier könnt ihr nochmal nachlesen, was einzelne Fachbegriffe bedeuten.

A

Abzeichen sind weiße Färbungen am Kopf oder an den Beinen. Sie sind angeboren und verändern sich auch nicht, wenn das Pferd älter wird.

Das **Alter** eines Pferdes hängt von seiner Rasse ab und davon, wie es gehalten, gefüttert und wie viel es bewegt wird. Ponys können bis zu 40 Jahre alt werden. Kalt- und Warmblüter werden meist nicht so alt.

Fühlt ein Pferd sich bedroht oder ist es unwillig, kann es mit dem **Ausschlagen** der Hinterbeine reagieren.

Beim **Aussitzen** bleibt der Reiter im Trab oder Galopp fest im Sattel sitzen. Er sollte dabei gut mit den Bewegungen des Pferdes mitgehen.

B

Bahnfiguren sind festgelegte Linien, denen Reiter und Pferd in der Reitbahn folgen.

Früher wurden frei lebende Herdentiere von ihren Besitzern mit **Brandzeichen** versehen, damit sie ihre Tiere wiedererkennen konnten. Auch heute noch markieren Züchter, Gestüte und Verbände die Pferde mit Brandzeichen. Dabei wird mit einem glühenden Eisen ein Zeichen in die Haut gebrannt.

C

Cavaletti (Einzahl: **Cavaletto**) sind niedrige Hindernisse, die im Reitunterricht gern für die ersten Springübungen eingesetzt werden. Sie werden auch Bodenricks genannt.

D

Das **Distanzreiten** ist eine Ausdauersportart. Es werden weite Strecken im Gelände zurückgelegt, von 25 bis über 100 Kilometer.

Dressurreiten ist eine Disziplin des Pferdesports. Durch bestimmte Übungen, wie beispielsweise seitwärts gehen, werden die natürlichen Fähigkeiten des Pferdes trainiert und verfeinert. Durch eine regelmäßige Dressur baut das Pferd Muskeln auf. Sie sind wichtig, damit es gesund bleibt und seinen Reiter tragen kann.

E

Die Einstreu bedeckt den Boden einer Pferdebox. Häufig wird Stroh als Einstreu verwendet.

Das Urpferd hieß Eohippus oder auch Hyracotherium.

F

Beim Flehmen können Pferde mit hochgezogener Oberlippe besonders gut Gerüche wahrnehmen. Manche Pferde zeigen auch Schmerzen durch Flehmen.

Pferde sind Fluchttiere: Sie fliehen, sobald Gefahr droht.

Ein Fohlen ist ein neugeborenes oder sehr junges Pferd. Also ein Pferdebaby!

G

Alle Pferde bewegen sich in den drei Gangarten Schritt, Trab und Galopp. Manche Pferde beherrschen auch weitere Gangarten, zum Beispiel Islandpferde, die im Tölt oder im Passgang laufen können.

H

Ein Halfter mit Strick wird zum Führen und Anbinden eines Pferdes verwendet.

Ein männliches Pferd nennt man Hengst.

Zu den Lektionen der Hohen Schule werden sehr schwierige Dressurübungen gezählt.

Die Hufe eines Pferdes bestehen aus Horn und wachsen regelmäßig nach, so ähnlich wie unsere Finger- und Zehennägel.

I

Bisweilen zeigen Pferde Imponiergehabe, zum Beispiel wenn sie ein anderes Pferd in der Herde beeindrucken möchten. Dann machen sie sich besonders groß und schön.

J

Der Reiter eines Rennpferdes, zum Beispiel bei Galopprennen, heißt Jockey.

K

Eine Kolik ist eine ernste Erkrankung des Verdauungsapparates eines Pferdes.

L

Beim leichten Sitz hebt der Reiter den Po aus dem Sattel, neigt den Oberkörper leicht nach vorn und verlagert sein Gewicht auf die Steigbügel. So wird der Rücken des Pferdes im Galopp und beim Springen entlastet.

Beim Leichttraben folgt der Reiter den Bewegungen des Pferdes. Dabei erhebt er sich regelmäßig aus dem Sattel und setzt sich wieder. Das entlastet den Pferderücken.

Ein Leitpferd ist ein erfahrenes Pferd, das die Herde anführt. Es kennt die besten Futter- und Trinkplätze und gibt bei Gefahr das Zeichen zur Flucht.

Mit einer Longe, einer mindestens 8 Meter langen Leine, wird das Pferd vom Boden aus im Kreis gelenkt. Während der Reitlehrer das Pferd longiert und ihm Signale gibt, kann sich der Reiter auf seinen Sitz konzentrieren.

M

Die Mähne hilft den Pferden, sich vor Insekten zu schützen. Je nach Pferdeart ist sie dichter oder feiner.

P

Bei der Pferdesportart Polo versuchen zwei Mannschaften von je vier Reitern, einen Ball mit einem Schläger ins gegnerische Tor zu schießen.

Ponys sind kleine Pferde, deren Stockmaß nicht größer als 148 cm ist. Ponys und Pferde werden durch ihre Körpergröße unterschieden.

Das Przewalski-Pferd ist die einzige überlebende Unterart der Wildpferde. Züchtern und privaten Sammlern gelang es, die Przewalski-Pferde in Gefangenschaft zu züchten. So wurden sie vor dem Aussterben bewahrt.

Im Putzkasten wird alles aufbewahrt, was für die Pflege eines Pferdes benötigt wird.

Q

Bei einer Quadrille reiten mehrere Reiter genau aufeinander abgestimmt in einer Gruppe.

Das Quarterhorse ist eine nordamerikanische Westernpferderasse, die ursprünglich für die Arbeit der Cowboys gezüchtet wurde.

R

In einer Pferdeherde legt eine Rangordnung fest, wie die Pferde zueinander stehen und welche

Aufgaben ranghöhere oder rangniedere Tiere übernehmen. Beispielsweise regelt die Rangordnung, welches Pferd zuerst fressen oder trinken darf.

Seit Jahrtausenden züchten Menschen Pferde. Heute gibt es etwa 200 verschiedene Rassen. Viele Pferderassen sind durch ihre Körpergröße, das Fell und den Körperbau gut an ihre Umwelt angepasst.

S

Beim Springreiten überwinden Pferd und Reiter Hindernisse. Springen sie dabei die Hindernisse in einer bestimmten Reihenfolge, nennt man dies auch Parcours. Dabei versuchen sie, möglichst fehlerfrei und schnell über die Hindernisse zu springen.

Das Stockmaß ist eine Messlatte, mit der die Größe eines Pferdes bestimmt wird. Es wird vom Boden bis zum Widerrist gemessen.

Ein weibliches Pferd heißt Stute.

T

Eine Stute, die ein Fohlen erwartet, nennt man trächtig.

U

Pferde haben an jedem Bein einen Huf mit nur einer Zehe. Deshalb nennt man sie Unpaarhufer oder Einhufer.

V

Das Vielseitigkeitsreiten ist eine Pferdesportart. Sie besteht aus einer Spring-, einer Dressur- und einer Geländeprüfung.

Beim Voltigieren wird auf einem Pferd geturnt.

W

Ein Wallach ist ein kastrierter Hengst. Er kann keine Fohlen mehr zeugen. Der Widerrist befindet sich im Übergang vom Hals zum Rücken des Pferdes. Vom Boden bis hierhin wird die Größe des Pferdes gemessen.

Z

Ein Zaumzeug besteht aus den Zügeln, dem Gebiss, dem Genickstück, dem Stirnriemen, dem Kehlriemen, den Backenstücken und dem Nasenriemen.

Ein Zirkel ist eine Bahnfigur in der Reitbahn, bei der ein großer Kreis geritten wird.

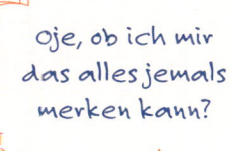

Oje, ob ich mir das alles jemals merken kann?

LÖSUNGEN

Seite **11**: Reitstiefel, Reitkappe, Bürste, Schwamm, Mähnenkamm
Seite **60**: Antwort b)
Seite **107**: Antwort b)
Seite **108/109**: Was ist ein Kaltblut? Ein robustes Arbeitspferd
Welche Fellfarbe hat ein Fuchs? Rotbraun
Wo hat ein Pferd eine Blesse? An der Stirn
Wie wächst der Pferdeschweif? Sehr langsam
Alle Pferde, die kleiner als 148 cm sind, nennt man … Pony
Cavaletti sind … niedrige Hindernisse
Wie schiebt man das Gebiss ins Maul? Mit der flachen Hand
Wenn ein Pferd erschrickt, kann es … ausschlagen
Wie nennt man ein schwarzes Pferd? Rappe
Am Bauch sind viele Pferde … kitzelig
Seite **132**: 1J, 2O, 3S, 4E, 5F, 6I, 7N, 8A - JOSEFINA

BILDNACHWEISE

STECKBRIEF:

VORNAME: _

NACHNAME: _

FOTO VON MEINEM
LIEBLINGSPFERD:

MEIN FOTO:

MEIN GEBURTSTAG: _ _ _ _ _ _ _ _ _ _ _ _ _ _ _ _ _ _

STERNZEICHEN: _

MEINE AUGENFARBE: _ _ _ _ _ _ _ _ _ _ _ _ _ _ _ _ _ _

MEINE HAARFARBE: _ _ _ _ _ _ _ _ _ _ _ _ _ _ _ _ _ _ _

BESONDERE KENNZEICHEN: _ _ _ _ _ _ _ _ _ _ _ _ _

MEIN LIEBLINGSESSEN: _ _ _ _ _ _ _ _ _ _ _ _ _ _ _

LIEBLINGSFARBE: _

MEINE HOBBYS: _

WENN ICH GROSS BIN, WERDE ICH: _ _ _ _ _ _ _ _ _ _

_ _

MEINE LIEBSTEN KLAMOTTEN: _ _ _ _ _ _ _ _ _ _ _ _ _

MEINE LIEBLINGSPFERDE HEISSEN: _ _ _ _ _ _ _ _ _ _ _

AUF DIESEM PFERD HABE ICH REITEN GELERNT: _ _ _ _ _

_ _

MEINE LIEBSTE PFERDERASSE: _ _ _ _ _ _ _ _ _ _ _ _ _

_ _

MEINE REITERFREUNDE: _ _ _ _ _ _ _ _ _ _ _ _ _ _ _ _

_ _

DAS MACHT MIR BEIM REITEN AM MEISTEN SPASS: _ _ _

_ _

MEINE LUSTIGSTE REITERHOFGESCHICHTE: _ _ _ _ _ _ _ _

_ _

ICH WERDE NIE VERGESSEN, _ _ _ _ _ _ _ _ _ _ _ _ _ _ _

_ _